O poder do Sacrificio

De Gabriel Agbo

Conteúdo:

Dedicatória

Dedico este trabalho a **Yonatan "Yoni" Netanyahu,** o jovem comandante israelense da unidade de comando que resgatou os judeus reféns no aeroporto de Entebbe, na Uganda no dia 4 de julho de 1976. Mesmo antes desse evento, você participou de diferentes conflitos para proteger e preservar a Israel. Você escolheu lutar e morrer por seu povo, abandonando o conforto familiar e pessoal que você conheceu desde o nascimento. Este grande judeu foi como Davi, Sansão e Jeosafá. Arriscou tudo, deu tudo por seu país – a nação escolhida de Deus. Que Deus te abençoe "Yoni", nosso herói!

Também dedico esse livro a minha irmã **Lilian ChichiDuru (NéeAgbo)**. Você viveu uma vida de sacrifícios. Seus atos ainda nos falam. Você foi uma amiga para todos; sempre disposta a ajudar os necessitados e os oprimidos. Você agarrou a cada oportunidade para demonstrar a bondade de seu coração e amor, assim como nossos pais. Sim, corre em nosso sangue. Obrigado por ser uma luz que brilha. Gerações lerão sobre você nas maiores línguas do mundo. Verdadeiramente, homens e mulheres de sacrifícios não morrem. Mesmo quando eles expiram, suas ações falam por gerações. Deus a abençoe, Chichi!

Gabriel Agbo

Curta nossa página: LillianChichi Foundation/facebook.com

Introdução

Sacrifícios são poderosos. Muito poderosos! Do homem mais rico, ao mais forte, os mais abençoados homens e mulheres, os sábios, grandes reis, e os mais poderosos profetas foram homens e mulheres de sacrifícios. Eles deram tudo, arriscaram tudo por seu povo, pela humanidade e por Deus para alcançarem seus objetivos e feitos que até mesmo a eternidade lhes será grata. Quer saber esse segredo? O bem. Se você deseja ser grande, você primeira deverá ser um homem ou mulher de sacrifício. Você encontrará nesses capítulos de muita revelação Poder do sacrifício; Sacrifício somente seu; Passarei pelo Egito; Pagarei o preço; Siga-me! Viemos por você! Te preservarei; Cozinhando a última refeição; Poder para salvar; Adoração, oração e jejum.

Não somente discutiremos grande sacrifícios feito por grandes homens e mulher da Bíblia e como suas ações foram grandes, mas também pessoas como Yonatan "Yoni" Netanyuahu de Israel, o jovem israelense que liderou a unidade de comando para resgatar os judeus reféns que foram mantidos no aeroporto de Entebbe depois que seu voo foi sequestrado e desviado para Uganda em 1976. Também olharemos para nossos heróis militares, especialmente àqueles de Operações Especiais – como o Sele, e Força Delta. Esses homens deram o seu melhor, constantemente arriscaram tudo, incluindo suas vidas para defender seu povo e a humanidade. Sacrificaram suas vidas para proteger outros. Nós os saudamos!

Eles nos ensinam como sacrifícios devem ser. Jesus nos disse que nenhum outro sacrifício poderia ser maior do que doarmos nossas vidas em favor de um amigo. Nós louvamos sua coragem e seu patriotismo. Quando você for além do esperado, você alcançará o divino, o não visto, forças sobrenaturais que irão lhe responder, com pressa virão de encontro a você.

Gabriel Agbo

www.authorsden.com/pastorgabrielnagbo

Capítulo 1

O poder do sacrifício

"Salomão ofereceu ao Senhor mil holocaustos sobre o altar de bronze, na Tenda do Encontro. Naquela noite Deus apareceu a Salomão e lhe disse: "Peça-me o que quiser, e eu lhe darei" (2 Crônicas 1:6,7)

Sacrifícios são muito poderosos! Você leu isso? Ou como poderia o Todo Poderoso descer para perguntar a um homem o que ele gostaria? Imagine Deus dando um cheque em branco a um homem? E se Salomão tivesse pedido a Deus a terra inteira ou mesmo que dividisse o céu em dois e lhe dar a metade ou algo do tipo? O que teria acontecido? Ele conhecia o coração do jovem rei e de seu amor incondicional pelos israelitas. Isto ocorreu logo depois que Salomão se tornou rei de Israel; a primeira coisa que ele fez foi convocar todas as pessoas – a massa, os eclesiásticos, políticos e líderes tradicionais de Gideão; onde o tabernáculo estava. Ali, ele iria ao altar para generosamente ofertar, sacrificando milhares de animais ao Deus de Israel. Na mesma noite Deus desceria do seu trono e viria para Salomão e perguntaria o que ele queria, que ele lhe concederia.

Então, alguém pôde deixar Deus "inconfortável". O sacrifício era tão poderoso que estimulou a resposta divina. Não o suficiente, Salomão o surpreendeu mais ainda, ele não pediu por riquezas, dinheiro, proteção ou mesmo pela morte de seus inimigos. Ele simplesmente pediu por sabedoria e a graça para poder governar o seu povo. Ele só queria fazer a coisa certa e ajuda-los. Imagine isso. Sacrifício duplo! Que tipo de homem era Salomão? Não era o suficiente que ele fez um sacrifício que deixou Deus agitado, agora ele ignorará todas as bênçãos e prosperidade, para pedir conhecimento e sabedoria? E, quando Deus não poderia mais, ele também se tornou impaciente e deu uma bênção dupla a Salomão. Sacrifício pode instantaneamente, eternamente, mudar a sua vida por completo, uma lealdade completa. O sacrifício sempre trará uma chuva de bênção. Verdade. Ouça o que Deus derrubou sobre ele:

Dá-me, pois, agora, sabedoria e conhecimento, para que possa sair e entrar perante este povo; pois quem poderia julgar a este tão grande povo? Então Deus disse a Salomão: Porquanto houve isto no teu coração, e não pediste riquezas, bens, ou honra, nem a morte dos que te odeiam, nem tampouco pediste muitos dias de vida, mas pediste para ti sabedoria e conhecimento, para poderes julgar a meu povo, sobre o qual te constituí rei (2 Crônicas 1:10,11)

Meu Deus! Que surpresa divina! Salomão não barganhou por isso. Tudo o que ele queria era mostrar seu amor por Deus e por seu povo, mas o Todo Poderoso o constrangeu com todas essas bênçãos. Sacrifícios não somente trarão sabedoria e conhecimento, mas riquezas divinas e ilimitadas, prosperidade e honra. Se você quer honra e prosperidade, simplesmente viva para Deus e para os outros. Deus abençoou tanto esse homem que reis e rainhas do mundo todo, de outros continentes vinham para ouvir a sua sabedoria e para fazer alianças e negócios com ele. Houve uma multiplicação misteriosa de riquezas durante o reinado de Salomão em Israel. Ele se tornou um mercador internacional com frotas de barcos e o alto-mar por ele era explorado. As riquezas eram tantas que ninguém poderia escrevê-las. Na verdade, a Bíblia diz que durante seu reinado o ouro e a prata eram tão comuns como pedras da rua. Consegue imaginar? Veja:

E fez o rei que houvesse ouro e prata em Jerusalém como pedras; e cedros em tanta abundância como figueiras bravas que há pelas campinas (2 Crônicas 1:15).

Extraordinariamente rico! Ele foi a causa disso! Ele provocou a Deus com aqueles sacrifícios e abnegação, o céu não poderia segurar. Este é o tipo de escritura que revela o maná escondido e a abundância de dinheiro no mar – que não pode ser contada. Deus tem tudo, o universo inteiro e quando ele decide entregar, nada nem ninguém pode segurá-lo. Verdade. As riquezas estavam fora de controle. Reis e nações competiam entre si para trazer tributo e presentes para o Rei Salomão. Você se lembra rainha de Sabá que veio da África para ouvir as palavras de Salomão e ver o esplendor de seu reino? Ela sozinha veio com uma caravana de camelos carregada de especiarias e com grandes quantidades de ouro e pedras preciosas. E, quando estava indo embora, Salomão lhe deu mais do que ela havia trago. Na verdade, eles estavam "brincando" com riquezas, prata e ouro durante o reinado de Salomão. Que Deus possa transformar a riqueza das nações na mão de Jesus! Muito do mobiliário e artefatos do palácio real e do Templo foram feitos completamente ou parcialmente de ouro puro. Acho que é melhor partimos para as escrituras porque não podemos dizer todos as bênçãos de Salomão nesta obra. Isto é o que sacrifícios podem fazer. Veja:

E o peso do ouro, que vinha em um ano a Salomão, era de seiscentos e sessenta e seis talentos de ouro, afora o que os negociantes e mercadores traziam; também todos os reis da Arábia, e os governadores da mesma terra traziam a Salomão ouro e prata. Também fez o rei Salomão duzentos paveses de ouro batido; para cada pavês destinou seiscentos siclos de ouro batido. Como

também trezentos escudos de ouro batido; para cada escudo destinou trezentos siclos de ouro; e Salomão os pôs na casa do bosque do Líbano. Fez mais o rei um grande trono de marfim, e o revestiu de ouro puro. E o trono tinha seis degraus, e um estrado de ouro, que eram ligados ao trono, e encostos de ambos os lados no lugar do assento; e dois leões estavam junto aos encostos. E doze leões estavam ali de ambos os lados, sobre os seis degraus; outro tal não se fez em nenhum reino. Também todas as taças do rei Salomão eram de ouro, e todos os vasos da casa do bosque do Líbano, de ouro puro; a prata reputava-se por nada nos dias de Salomão. Porque, indo os navios do rei com os servos de Hirão, a Társis, voltavam os navios de Társis, uma vez em três anos, e traziam ouro e prata, marfim, bugios e pavões. Assim excedeu o rei Salomão a todos os reis da terra, em riquezas e sabedoria. <u>E todos os reis da terra buscavam a presença de Salomão, para ouvirem a sabedoria que Deus tinha posto no seu coração. E cada um trazia o seu presente, vasos de prata, e vasos de ouro, e roupas, armaduras, especiarias, cavalos e mulas; assim faziam de ano em ano</u> (2 Crônicas 9:13-24).

Esse é o poder do sacrifício. Somente um sacrifício foi feito para abrir esse tipo de porta! Sacrifícios são poderosos! Nenhum outro poder ou ação pode elevar o homem a tal patamar. Verdade.

O que é sacrifício?

O sacrifício é definido como oferta de algo preciosa a Deus; a desistência de algo de grande valor para um propósito especial ou para benefício de alguém, e também para a negação de prazeres, conforto, direitos e privilégios para atingir um propósito ou objetivo. Se começarmos do princípio, já é conhecido o fato de que humanos não podem ter qualquer contato com espíritos ou espíritos que vagam pelo mundo sem sacrifício. E esses vêm em forma de altar, adoração, dedicação, devoção, ofertas etc., independentemente de ser adoração ao Deus criador do universo ou de adoração a Satanás e seus hospedeiros de demônios. Você deve estar preparado e disposto a aceitar a viver uma vida de sacrifício para manter um relacionamento com eles. Sacrifícios são o que dão acesso para o mundo espiritual, te dão acesso ao sobrenatural. Lhe dão privilégios espirituais. Lhe levam além do natural. Você não pode efetivamente servir ou se relacionar com Deus sem viver uma vida de sacrifício.

Agora e sempre, Deus se relacionou com o homem através de sacrifícios. Depois de dar ao homem a liberdade de comer de todo o fruto no Jardim do Éden, ele os alertou para que não tocasse ou comesse do fruto da árvore do conhecimento do bem e do mal. Sim, o fruto parecia bom e delicioso, mas Deus os alertou para que não tocasse! Era para ser um marco de consagração, de negação de si mesmo, mas o homem falhou terrivelmente aí. Veja Caim e Abel, foi o sacrifício deles que lhes trouxe problema. O sacrifício de Abel foi aceito, mas o de Caim rejeitado. Agora, para Abraão, quando Deus decidiu fazer a aliança com ele, confirmando sua promessa de proteção, bênção geracionais etc., tudo isso envolvia sacrifício. Falaremos sobre isso mais tarde.

O primeiro sacrifício

Agora, o primeiro sacrifício que você achará nas escrituras está em Gênesis 3:31

"E fez o Senhor Deus a Adão e à sua mulher túnicas de peles, e os vestiu".

Certamente um animal foi sacrificado antes que sua pele fosse removida para cobri-los. Outro está em Gênesis 4:3-6

"E aconteceu ao cabo de dias que Caim trouxe do fruto da terra uma oferta ao Senhor. E Abel também trouxe dos primogênitos das suas ovelhas, e da sua gordura; e atentou o Senhor para Abel e para a sua oferta. Mas para Caim e para a sua oferta não atentou. E irou-se Caim fortemente, e descaiu-lhe o semblante. E o Senhor disse a Caim: Por que te iraste? E por que descaiu o teu semblante?"

Noé e o arco-íris

"E edificou Noé um altar ao Senhor; e tomou de todo o animal limpo e de toda a ave limpa, e ofereceu holocausto sobre o altar. E o Senhor sentiu o suave cheiro, e o Senhor disse em seu coração: Não tornarei mais a amaldiçoar a terra por causa do homem; porque a imaginação do coração do homem é má desde a sua meninice, nem tornarei mais a ferir todo o vivente, como fiz. Enquanto a terra durar, sementeira e sega, e frio e calor, e verão e inverno, e dia e noite, não cessarão" (Gênesis 8:20-22)

Você leu isso? Não há nada que não possa ser alcançado por sacrifício. Nada é impossível para um homem de sacrifício. Deus não pôde se segurar depois que Noé fez esse sacrifício após as especificações divinas. Noé, sua família e os animais estavam subindo na água quando começou o dilúvio, que varreu todas as coisas vivas da terra, e a primeira coisa que este homem fez foi construir um altar para sacrificar ao Senhor. Não era um sacrifício qualquer, mas com aprovações específicas. E isto agradou e tocou a Deus a começar a mandar diversas bênçãos, promessas e alianças com Noé, sua família e bênçãos sobre os extremos da terra.

Voltando, esperariam que Noé descansaria depois de todos os problemas que o atingiu com o dilúvio. Antes do dilúvio, havia decadência moral e apatia global pelas coisas de Deus pelas pessoas daquela geração. As coisas estavam tão ruins que anjos caídos (demônios) estavam se casando com humanos, e produzindo homens estranhos – gigantes. E foi essa a decisão que fez Deus acabar com todo. Veja isso:

"E aconteceu que, como os homens começaram a multiplicar-se sobre a face da terra, e lhes nasceram filhas, viram os filhos de Deus que as filhas dos homens eram formosas; e tomaram para si mulheres de todas as que escolheram. Então disse o Senhor: Não contenderá o meu Espírito para sempre com o homem; porque ele também é carne; porém os seus dias serão cento e vinte anos. Havia naqueles dias gigantes na terra; e também depois, quando os filhos de Deus entraram às filhas dos homens e delas geraram filhos; estes eram os valentes que houve na antiguidade, os homens de fama. E viu o Senhor que a maldade do homem se multiplicara sobre a terra e que toda a imaginação dos pensamentos de seu coração era só má continuamente. Então arrependeu-se o Senhor de haver feito o homem sobre a terra e pesou-lhe em seu coração. E disse o Senhor: Destruirei o homem que criei de sobre a face da terra, desde o homem até ao animal, até ao réptil, e até à ave dos céus; porque me arrependo de os haver feito". (Gênesis 6:1-7)

Deus estava tão bravo que ele se arrependeu de criar o homem, e imediatamente criou teve a decisão dolorosa de completamente extinguir a espécie humana. Então, antes do dilúvio veio os desafios – as preparações, a construção da arca, o escárnio, o ajuntamento e o cuidado dos animais – rastejando, pulando, galopando e andando, os pássaros etc. Foi uma grande tarefa e acredito que somente a graça de Deus para ajudar qualquer um a fazer isso. Agora, isto foi seguido com incertezas e riscos de flutuar e navegar pela terra que foi coberta de água a vinte e dois pés acima das montanhas mais altas. O dilúvio limpou a terra de cada coisa viva – somente Noé, sua família e os animais na arca foram poupados.

Noé não tinha certeza de como seria o fim. Ele não fazia ideia de como isso aconteceria, mas ele confiou que Deus o pouparia e assim Ele o fez. Imagine como ele se sentiu quando a palavra de Deus veio a se cumprir. Mesmo a vazante do dilúvio não era fácil. Veio em partes. Isto poderia abalar até mais poderoso homem. Fato. Então, Noé estava certo quando, imediatamente, construiu um altar para sacrifícios conforme ele estava saindo da viagem angustiante.

A reação de Deus

Com todo sacrifício bem-sucedido, Deus reagiu imediatamente. Ele começou a fazer alianças com Noé e o mundo inteiro. Veja este primeiro a Sua primeira declaração: "Eu nunca mais trarei maldição sobre a terra". Glorifica seja Deus! Sacrifícios instigam promessas e alianças. E ambos foram enfraquecidos e totalmente anulados. Agora, maldições são forças (às vezes incontroláveis) falando contra o avanço individual, familiar, grupos e de lugares. Te aconselho a ler as consequências e soluções para maldições em meu poderoso livro *Quebrando maldições de gerações: pedindo sua liberdade*. Se encontra disponível na Amazon e outros sites de venda. Deus disse a Noé que ele nunca mais amaldiçoaria a terra porque Noé fez o sacrifício certo, na hora certa.

Aliança

Deus fez uma aliança com Noé depois do sacrifício dizendo que Ele nunca mais destruiria a terra com água. Esta aliança é eterna e veio com um sinal – o arco-íris. Esta foi a primeira vez que o arco-íris apareceu no céu. Deus disse que sempre que o arco-íris aparecesse, Ele se lembraria desta aliança. Seu sacrifício, suas vidas de sacrifício trarão experiências divinas, promessas, bênçãos que eternamente nos favorecerão, não somente você, mas a espécie humana. Noé fez com que o criador lhe prometesse que esse tipo de calamidade e destruição nunca mais viriam sobre a terra.

Não o suficiente, Deus abençoou a Noé. Derramando a unção de multiplicação sobre ele e também lhe dando o poder de controlar. Todas essas coisas vieram através de um sacrifício. Maldições foram tiradas e poder e prosperidade foram dadas. É isso que um poderoso sacrifício pode fazer.

Abraão

Abraão era um homem de sacrifício. Deus o tirou e decidiu fazê-lo grande e estabelecer um povo através dele, mas isso não aconteceria sem uma série de sacrifícios que instigavam e em algumas vezes selavam essas promessas divinas. Veja o que aconteceu em Gênesis 15, quando Deus selou sua promessa de dar a Abraão um filho e descendentes.

"E disse-lhe: Toma-me uma bezerra de três anos, e uma cabra de três anos, e um carneiro de três anos, uma rola e um pombinho. E trouxe-lhe todos estes, e partiu-os pelo meio, e pôs cada parte deles em frente da outra; mas as aves não partiu. E as aves desciam sobre os cadáveres; Abrão, porém, as enxotava. E pondo-se o sol, um profundo sono caiu sobre Abrão; e eis que grande espanto e

grande escuridão caiu sobre ele. Então disse a Abrão: Saibas, de certo, que peregrina será a tua descendência em terra alheia, e será reduzida à escravidão, e será afligida por quatrocentos anos, mas também eu julgarei a nação, à qual ela tem de servir, e depois sairá com grande riqueza. E tu irás a teus pais em paz; em boa velhice serás sepultado. E a quarta geração tornará para cá; porque a medida da injustiça dos amorreus não está ainda cheia. E sucedeu que, posto o sol, houve escuridão, e eis um forno de fumaça, e uma tocha de fogo, que passou por aquelas metades. Naquele mesmo dia fez o Senhor uma aliança com Abrão, dizendo: « tua descendência tenho dado esta terra, desde o rio do Egito até ao grande rio Eufrates; E o queneu, e o quenezeu, e o cadmoneu, E o heteu, e o perizeu, e os refains, E o amorreu, e o cananeu, e o girgaseu, e o jebuseu" (Gênesis 15:9-21).

Através deste sacrifício todos os medos de Abraão se foram. Ele teria filhos; numerosos descendentes. Ele morreria em paz em uma idade avançada. E agora seus descendentes irão herdar a terra aonde ele estava – uma terra fértil que era abundante em leite e mel! Mas isso não é as únicas coisas que vemos aqui. Este sacrifício singular também lhe revelou o segredo divino do que viria a acontecer alguns séculos depois. A descendência de Abraão iria para a escravidão no Egito, sofreria por quatrocentos anos, mas com forte mão o Deus Todo-Poderoso os traria de volta para estabelece-los na terra prometida. Sim, Ele pode ver e controlar o fim desde o começo!

É somente uma revelação estimulada pelo sacrifício que pode abrir as portas para tamanhos segredos divinos. Nada é escondido de um homem de sacrifício. Se você se rende a Deus, se você vive uma vida de sacrifício, todos as coisas lhe serão relevadas porque Deus sabe que pode confiar em você. Deus sabe que você tem uma vida de entrega a Ele, focada em Sua vontade e no melhor dos outros.

Depois de um tempo, Deus veio para lembrar Abraão da mesma promessa com outro sacrifício, dessa vez maior. Ele mudou o nome de Abraão e Sara para atender melhor a aliança da promessa. Ele elaborou o seu nome ao dizê-lo que muitas nações e reis sairiam dele. Este era um casal sem filhos e já no entardecer de suas vidas. E a aliança seria mostrada pela circuncisão do homem. Como dizemos sacrifícios estimulam alianças. Eles atraem a mão de Deus sobre você. Se você quer ter alianças com o Todo-Poderoso, então seja um homem ou mulher de sacrifício.

Ló foi salvo por sacrifícios

Veja o que aconteceu próximo ao arvoredo do carvalho que estava em Mamre. As ações de Abraão (sacrifícios) salvaram seu sobrinho – Ló. Também fez o nascimento de Isaque. Abraão sem saber alimentou a Deus com uma deliciosa refeição que compadeceu a Deus para dar a concepção de Isaque. E este milagre se tornou possível mesmo quando o costume das mulheres de sua esposa já havia se cessado:

"Depois apareceu-lhe o Senhor nos carvalhais de Manre, estando ele assentado à porta da tenda, no calor do dia e levantou os seus olhos, e olhou, e eis três homens em pé junto a ele. E vendo-os, correu da porta da tenda ao seu encontro e inclinou-se à terra, e disse: Meu Senhor, se agora tenho achado graça aos teus olhos, rogo-te que não passes de teu servo. Que se traga já um pouco de água, e lavai os vossos pés, e recostai-vos debaixo desta árvore; e trarei um bocado de pão, para que esforceis o vosso coração; depois passareis adiante, porquanto por isso chegastes até vosso servo. E disseram: Assim faze como disseste. <u>E Abraão apressou-se em ir ter com Sara à tenda, e disse-lhe: Amassa depressa três medidas de flor de farinha, e faze bolos. E correu Abraão às vacas, e tomou uma vitela tenra e boa, e deu-a ao moço, que se apressou em prepará-la. E tomou manteiga e leite, e a vitela que tinha preparado, e pôs tudo diante deles, e ele estava em pé junto a eles debaixo da árvore; e comeram</u> (<u>Gênesis 18:1-8</u>).

Este foi um sacrifício por excelência. Você pode lê-lo novamente. Um idoso correndo e se prostrando diante de estranhos? Ele correu, se apressou, esperou etc. Nessa idade? Com todos esses, diga-me porque Deus não deveria abençoar a este homem. Ele é, de fato, qualificado para ser o pai da fé. Ele viveu uma vida de fé, uma vida de sacrifício ao máximo. Imagine o jeito que ele atendeu aos estranhos – aqueles que ele nunca havia antes visto. Ele nem mesmo sabia que estava lidando diretamente com Deus. Ele era pronto a fazer o bem, a satisfazer, a ajudar os outros, e é sobre isto que essa obra irá tratar. Uma vida de sacrifício! Abraão saiu de seu caminho para convidar esses homens para ir a sua tenda descansar. Ele ofereceu de água a comida, de comida a descanso. Agora, veja como esse homem corre a sua tenda e pede a sua esposa para preparar a comida para os estranhos. Ele também corre ao estábulo para escolher o melhor, e mais gordo cordeiro. Veja suas palavras para Sara e o servo "vamos, depressa". Mesmo quando os homens comiam, ele pessoalmente esperou por eles (para se render em mais serviços). Sacrifícios! Entrega! Podemos achar outro Abraão nesta geração? É isso possível?

Talvez seja por isso que este tipo de livro é necessário. Em Abraão, eu vejo um homem que está disposto a agradar, a incomodar a si mesmo para agradar aos outros. Vejo um homem que está disposto (mesmo em idade avançada) a fazer o seu melhor para ver o que os outros são confortáveis e estão sendo bem tratados. E, felizmente, sem ele saber, ele estava fazendo isso para Jeová, que apareceu em uma forma humana. Todos os atos de sacrifícios são primeiros para Deus. Sim, você pode estar ajudando humanos, mas Deus recebe, aprova e grava primeiro. E esta é a razão pela qual Jesus disse que se você ajudar ou dar um copo de água para os pequeninos, para aqueles em necessidade, você estará fazendo para Ele.

Quando você ajuda aos outros, quando você atende a ajudar o físico, espiritual, material e emocional dos que estão em necessidade, você estará fazendo para o Deus Todo-Poderoso. E suas ações definitivamente trarão a reação divina de tal forma que talvez você não possa predizer o resultado. Quando Abraão atendendo a esses homens, ele não fazia ideia de que ele estava estimulando a liberação divina que mudaria a sua vida, mudaria sua família, sua história e seu destino. Ele puxou o gatilho que salvaria vidas; tirando seu sobrinho da irreversível fornalha que seria o julgamento de Deus. Seu ato de bondade salvou a Ló. Esse é o poder de sacrifício.

Agora, vá e veja a reação de Deus depois de maravilhosa refeição de pão, bife assado, leite, queijo etc. (e cortesia). Os estranhos estavam felizes, cheios e satisfeitos. Eles imediatamente perguntaram aonde sua esposa estava. Meu Deus! "Onde está a mulher que preparou esta comida para nós por meio deste maravilhoso homem?" Posso ouvir eles dizerem. Entendeu? Tudo estava ótimo. Então o resultado também deve ser fantástico. Sim, ouça:

"E disseram-lhe: Onde está Sara, tua mulher? E ele disse: Ei-la aí na tenda. E disse: Certamente tornarei a ti por este tempo da vida; e eis que Sara tua mulher terá um filho. E Sara escutava à porta da tenda, que estava atrás dele.'

E levantaram-se aqueles homens dali, e olharam para o lado de Sodoma; e Abraão ia com eles, acompanhando-os. E disse o Senhor: Ocultarei eu a Abraão o que faço, visto que Abraão certamente virá a ser uma grande e poderosa nação, e nele serão benditas todas as nações da terra? Porque eu o tenho conhecido, e sei que ele há de ordenar a seus filhos e à sua casa depois dele, para que guardem o caminho do Senhor, para agir com justiça e juízo; para que o Senhor faça vir sobre Abraão o que acerca dele tem falado. Disse mais o Senhor: <u>Porquanto o clamor de Sodoma e Gomorra se tem multiplicado, e porquanto o seu pecado se tem agravado muito, descerei agora, e verei se com efeito têm praticado segundo o seu clamor, que é vindo até mim; e se não, sabê-lo-ei.</u> Então viraram aqueles homens os rostos dali, e foram-se para Sodoma;

mas Abraão ficou ainda em pé diante da face do Senhor. E chegou-se Abraão, dizendo: Destruirás também o justo com o ímpio?" (Gênesis 18:9-10; 16-23)

Depois da refeição (sacrifício) a concepção do filho foi imediata. No tempo eminente "por este tempo de vida". Então o Senhor revelou o segredo divino de "Operação de destruir a Sodoma" a Abraão. Veja como ele coloca "como posso esconder meus planos de Abraão?" Isso significa que sacrifícios podem dar-lhe acesso aos segredos, propósitos e planos divinos. Se Abraão não os atendesse do modo que ele fez, não acho que o Senhor lhe trataria com tanto respeito e lhe contaria o seu iminente plano de destruir Sodoma e Gomorra. Graças a Deus, Abraão aprendeu o raro gesto de tirar seu povo de problemas. Ele inicialmente tentou ajudar Sodoma inteira, mas não teve sucesso porque a cidade era terrível e iniqua e não estava qualificada ao perdão divino – o mais alto nível de imoralidade, iniquidade e impiedade. Mas ele salvou a Ló através do sacrifício de intercessão. Logo iremos aos próximos capítulos. Veja que a vida de sacrifício o dará tempo e iminência para suas aspirações e também o levará aos segredos divinos. Deus compartilha seus segredos com aqueles que o amam e servem aos outros.

Você deve servir aos outros; sua família, pessoas de seu convívio e também estranhos. E por estranhos, quero dizer àqueles que não próximos de você. Me lembro de quando um adolescente nos anos 80 quando eu costumava regularmente a alimentar meu amigo especial chamado Nya. Este garoto de aproximadamente oito anos sofria de problemas mentais, e estava sempre sujo, com dentes pretos. Mas tomei um interesse especial por ele, amei-o. Isto fez com que ele sempre fosse me visitar. Preparava para ele uma refeição, o servia e algumas vezes também lhe dava dinheiro. Embora eu não fosse um cristão nascido de novo na época, mas estava feliz em fazer isso. Mesmo quando me mudei de cidade, todas as vezes que ia a cidade, ele vinha me abraçar e compartilhar de nosso relacionamento. Ouvi que agora ele é casado. Todos que encontramos nessa vida merecem nosso amor e nosso cuidado. É nisto que acredito. Muito nessas condições não possuem culpa. Eles precisam de amor. Desesperadamente eles precisam de nosso cuidado e amor.

E não parei ainda. Ajudar aos outros deveria ser parte de nossa vida diária e de nosso orçamento. Deveria ser um modo de vida para nós. Você não deve esperar para as pessoas pediram por ajuda antes de ajuda-las. Procure pelo necessitado, veja, você os verá. Veja ao redor da igreja, sua vizinhança, na estrada, em casas especiais. Por todos os lados, cobertos com bonitos vestidos de domingo e sorrisos. Ajude, solva essa necessidade. É por isso que viemos. A Bíblia diz que Jesus fez o bem, curou os doentes, alimentou aos famintos, libertou os oprimidos, deu esperança aos que não tinham. Na verdade, Ele deixava o que estava fazendo, atravessava o lago para libertar os que estavam sob possessão no cemitério como em Marcos capítulo 5. Você notou que depois que Ele o libertou, Ele voltou para o barco e voltou para onde estava? É isso, Jesus fez uma viagem muito turbulenta, arriscada, e uma viagem noturna para o bem do homem. Sua pequena ajuda pode dar a outra pessoa esperança e razão para viver. Sua ajuda pode salvar a vida de uma pessoa ou uma família.

Capítulo 2

Sacrifício somente seu

Um dos sacrifícios mais poderosos feito pelo homem é o sacrifício de Abraão ao quase sacrificar seu filho, Isaque. Isaque era o filho de idade avançada. Ele orou e esperou por muito tempo antes de ter esse filho. Isaque era também a única conexão entre Abraão e todas as futuras promessas e aliança que Deus havia feito a Abraão. Essa criança era sua esperança e também sua alegria. Embora ele tenha demorado, ele também é o elo entre Abraão e sua esposa, Sara, que Deus é fiel e também confirmaria as outras promessas. Agora, está claro que requereu um milagre especial (um criativo) para essa criança nascer e, de repente, Deus pede para que lhe ofereçam em sacrifício. Para quê? Quando Deus quer lhe expandir, Ele geralmente procura por meios de testar a sua fidelidade. E seu nível de fidelidade (obediência) sempre determinará seu nível de promoção e autoridade. Veja o que Deus disse a Abraão:

"E aconteceu depois destas coisas, que provou Deus a Abraão, e disse-lhe: Abraão! E ele disse: Eis-me aqui. E disse: Toma agora o teu filho, o teu único filho, Isaque, a quem amas, e vai-te à terra de Moriá, e oferece-o ali em holocausto sobre uma das montanhas, que eu te direi" (Gênesis 22:1-2).

Imagine isso: pegar seu filho, seu único filho e ir a um local aonde você não conhece para sacrifica-lo. Você iria? Mas esse homem obedeceu sem qualquer resistência ou questionamento. Ele estava completamente entregue a Deus. Sem contar nem ao garoto ou sua esposa, Abraão tomou os materiais necessários para a jornada da fé. Ele levou Isaque, a faca, e madeira para o fogo e foi em uma jornada de três dias.

No caminho Isaque percebeu que não havia algo certo e perguntou ao seu pai, "pai, temos a madeira e a faca, mas não vi o cordeiro ou animal algum para sacrificarmos. Aonde estão?" O grande homem disse a seu filho que Deus providenciaria. E seguiram seu caminho. Sempre haverá questionamentos sobre esse tipo de sacrifício. Quando você quer estar completamente rendido a Deus, a causa da humanidade, quando você quiser obedecê-lo completamente, certamente, questões surgiram. Os homens o questionarão. Eles não entenderão o que você está fazendo. Não mude por conta disso. Eles não lhe entenderão e nem mesmo as suas ações eles poderão entender, tudo isso porque eles não estão vendo ou ouvindo o que você está ouvindo. Deus falou com eles? Ele falou somente com você, então não espere que todos tenham a mesma visão, com o mesmo excitamento. Eles não entenderão porque eles são humanos e sua causa é divina. Ele deu o fardo e a visão para você, não para eles, portanto, siga em frente. Sara estava em ignorância, Isaque estava confuso, mas Abraão sabia o que ele estava fazendo.

Em Moriá o incomum começou a acontecer. Abraão disse a seus servos para esperar por eles quando ele viu o lugar para o sacrifício. Assim, ele tomou Isaque e prosseguiu. Um homem de sacrifício sempre irá além para satisfazer a Deus. Veja:

"Ao terceiro dia levantou Abraão os seus olhos, e viu o lugar de longe. E disse Abraão a seus moços: Ficai-vos aqui com o jumento, e eu e o moço iremos até ali; e havendo adorado, tornaremos a vós (Gênesis 22:4-5).

Um pouco mais! Grandes homens com grandes destinos sabem que eles sempre devem ir além dos outros, além do comum. Você deve fazer o que outros não fizeram se você quer ir além deles. Se você quer experimentar um toque especial divino, uma grande glória e unção, uma brilhante medalha de ouro, você deve ir além dos outros, ir além do comum.

Um pouco além

Não foi somente Abraão que entendeu esse segredo. Moisés e Jesus também entenderam. Veja o que Moisés no dia em que Deus o encontrou no Monte Sinai, ele estava indo para o deserto pastorear as ovelhas de seu sogro – Jetro, o sacerdote de Midiã; mas ele foi um pouco além e Deus apareceu a ele imediatamente. Veja:

"E apascentava Moisés o rebanho de Jetro, seu sogro, sacerdote em Midiã; e levou o rebanho atrás do deserto, e chegou ao monte de Deus, a Horebe. E apareceu-lhe o anjo do Senhor em uma chama de fogo do meio duma sarça; e olhou, e eis que a sarça ardia no fogo, e a sarça não se consumia. E Moisés disse: Agora me virarei para lá, e verei esta grande visão, porque a sarça não se queima. E vendo o Senhor que se virava para ver, bradou Deus a ele do meio da sarça, e disse: Moisés, Moisés. Respondeu ele: Eis-me aqui" (Êxodo 3:1-4).

Foi quando Moisés foi **além** do comum no deserto que ele encontrou a Deus. Homens e mulheres de sacrifício entendem este princípio divino universal. Grandes coisas, grandezas e ouro não são achados na superfície. Você deve procurar um pouco mais fundo. Você deve ir além, mais profundo se você deseja ir mais alto. Você deve fazer um grande sacrifício, ou andar alguns quilômetros a mais, se você quer o extraordinário. Como Abraão, Moisés foi mais além. Vamos ver o que o Mestre fez. Jesus foi extraordinário porque ele foi mais profundo, muito além. Desde o princípio ele entendeu o poder de ir adiante.

"E, saindo, foi, como costumava, para o Monte das Oliveiras; e também os seus discípulos o seguiram. E quando chegou àquele lugar, disse-lhes: Orai, para que não entreis em tentação. **E apartou-se deles cerca de um tiro de pedra;** e, pondo-se de joelhos, orava" (Lucas 22:39-41).

Isto ocorreu no Getsêmani! Ele foi para o monte com seus discípulos para orar quando eles se estabeleceram, Ele foi mais adiante, distante dele para orar sozinho. Ele sabia que não deveria ficar no mesmo nível dos discípulos se Ele iria guia-los. Você não pode impulsionar os outros ao menos que você esteja um nível acima deles. Ele veio para salva-los, portanto, deveria estar acima deles. Este é o mesmo princípio. Um campeão, ou que deseja ser um deve sempre ter sempre em mente que há um sacrifício; há um preço a ser pago para se usar a coroa. Para um atleta bater outros e vencer, ele deve praticar mais que os outros competidores. Para um estudante passar, ou liderar outros, ele (a) deve estudar mais que os outros. Para um ministro ter mais unção do que outros ou experimentar mais graça e milagres, ele deve orar, viver em santidade e estudar mais que os outro. Ele deve estar um nível acima dos outros. Ele deve estar acordado enquanto os outros dormem. Não há alternativa para este princípio.

Um homem de sacrifício vai além e algumas vezes sozinho. Acredito que foi isso que aconteceu no monte da transfiguração quando Jesus foi completamente empoderado para a obra. Ele somente levou Pedro, Tiago e João no topo. Aonde estava os outros apóstolos e discípulos, até mesmo a multidão que os seguia? E você sabe que essa experiência em particular mudou a vida desses privilegiados apóstolos para sempre! Um pouco além! Nós devemos ir e seguir e seguir. Mas devemos primeiro concluir sobre o sacrifício extraordinário de Abraão.

Uma vez que estavam no ponto designado em Moriá, Abraão construiu um altar e colocou a madeira. A Bíblia diz que Isaque foi amarrado e colocado sobre a madeira. Mas no momento que ele subiu a faca para sacrificar seu filho:

"Mas o anjo do Senhor lhe bradou desde os céus, e disse: Abraão, Abraão! E ele disse: Eis-me aqui. Então disse: Não estendas a tua mão sobre o moço, e não lhe faças nada; porquanto agora sei que temes a Deus, e não me negaste o teu filho, o teu único filho. Então levantou Abraão os seus olhos e olhou; e eis um carneiro detrás dele, travado pelos seus chifres, num mato; e foi Abraão, e tomou o carneiro, e ofereceu-o em holocausto, em lugar de seu filho. E chamou Abraão o nome daquele lugar: o Senhor proverá; donde se diz até ao dia de hoje: No monte do Senhor se proverá. Então o anjo do Senhor bradou a Abraão pela

segunda vez desde os céus, e disse: Por mim mesmo jurei, diz o Senhor: Porquanto fizeste esta ação, e não me negaste o teu filho, o teu único filho, que deveras te abençoarei, e grandissimamente multiplicarei a tua descendência como as estrelas dos céus, e como a areia que está na praia do mar; e a tua descendência possuirá a porta dos seus inimigos; E em tua descendência serão benditas todas as nações da terra; porquanto obedeceste à minha voz. Então Abraão tornou aos seus moços, e levantaram-se, e foram juntos para Berseba; e Abraão habitou em Berseba (Gênesis 22:11-19).

O anjo do Senhor impediu Abraão de sacrificar seu filho Isaque, mas em espírito o sacrifício já tinha sido feito e aceito. Deus julga as ações pelas intenções do coração e não pelas manifestações físicas. No espírito Abraão sacrificou Isaque. Ele completamente, totalmente, fielmente obedeceu a Deus. Vamos a Hebreus para melhor entendermos o que quero dizer:

"Pela fé ofereceu Abraão a Isaque, quando foi provado; sim, aquele que recebera as promessas ofereceu o seu unigênito. Sendo-lhe dito: Em Isaque será chamada a tua descendência, considerou que Deus era poderoso para até dentre os mortos o ressuscitar; e daí também em figura ele o recobrou" (Hebreus 11:17-19)

Mistérios do reino! Porque Abraão obedeceu até o fim, o sacrifício já foi oferecido e aceito. O Isaque que saiu de Moriá foi um Isaque "ressurreto". Um Isaque que morreu e ressuscitou. Abraão não sabia que Deus iria para-lo de sacrificar o garoto. O que ele tinha em mente é que depois de sacrifica-lo, Deus traria o filho de volta a vida. Que tipo de fé é essa? Podemos achar outro Abraão nesta geração? Era isso que o escritor de Hebreus estava tentando explicar aqui? Abraão já tinha oferecido Isaque em seu coração, em seu espírito, mas foi parado fisicamente por Deus. Leia a passagem novamente e você entenderá claramente.

Agora, me diga, porque o produto deste nível de sacrifício não seria um enigma para o inimigo. Ele foi inquebrável, indestrutível, pesado e poderoso. Não seria em Isaque, a única esperança, a possessão que Deus estava pedindo para desistir? Ele tem o poder de ressuscitar. Como dizemos mais cedo, este é um dos mais poderosos sacrifícios gravados pela Bíblia na história humana. De um modo mais leve, por favor, me diga qual seria a reação de Sara (mãe de Isaque) quando ele lhe contou o que havia acontecido em Moriá?

Antes que vejamos o resultado de sacrifícios sem medidas, quero que lembremos que o inimigo – Satanás, sempre quererá corromper as boas intenções de Deus. É corromper o que aconteceu aqui, o sacrifício de Jefté de sua filha e o sacrifício de Cristo é o que os falsos deuses usam como desculpa para querer que os pagãos sacrifiquem seus filhos para deuses e espíritos. Mas eles estão muito errados. Primeiro, nós vemos que Deus não permitiu a Abraão sacrificar seu filho Isaque, pelo contrário, Ele desejava provar a fé e a obediência de Abraão. Deus não requer ou aceita sacrifício humano de qualquer forma. Dois, Jefté não matou a sua filha, mas a dedicou a Deus através de sua vida. Terceiro, Jesus Cristo deu a sua vida para salvar a humanidade do pecado. Ele o fez voluntariamente. Na verdade, Ele disse que tinha o poder de dar a sua vida e toma-la de volta. E foi isso que Ele fez. O oculto que envolve e ceifa vidas humanas em sacrifícios é errado, cego, maléfico, não provém de Deus, é satânico.

Esse sacrifício foi tão poderoso que automaticamente, instantaneamente, mudou a relação de Deus com Abraão. Primeiro, Deus mostrou a ele que ele poderia miraculosamente prover qualquer coisa, em todos em lugares, em qualquer lugar, por misteriosamente provendo um carneiro, uma alternativa para seu sacrifício. Segundo o sacrifício fez Deus prometer. Ele prometeu abençoar a Abraão ricamente. O que significa inesgotavelmente. O sacrifício também fez com que ele reafirmasse as promessas antigas ao homem. E por último, os descendentes de Abraão conquistariam seus inimigos. Quando você dá o melhor a Deus ou a humanidade, é exatamente isso que traz. A eterna benção.

Antes que sigamos em frente, vamos comentar sobre duas coisas que acreditamos que está ocorrendo novamente:e uma dessas é o altar de oferta. Nós vimos com Noé e com Abraão. Eles sempre fizeram um altar quando queriam sacrificar e sempre foram cautelosos quanto a escolha das ofertas para o sacrifício.

Altar

Um altar é simplesmente uma plataforma para oferendas, adorações, sacrifícios feito a Deus. Ele pode aceitar uma oferta em qualquer lugar, em qualquer hora, mas na maioria das vezes Ele prefere em uma plataforma dedicada e organizada. Ele sempre quer as coisas consagradas e separadas para Ele. Ele não quer compartilhar as coisas com outras autoridades, especialmente autoridades demoníacas. Se Ele for aceitar a oferta, ela deve ser separada, dedicada, satisfatória, ou uma vida dedicada. Isto pode ser vista claramente no monte Carmelo – quando Elias reformou o altar do Senhor que tinha sido destruído. Isto seria necessário se Deus iria responde-lo com fogo. O altar deve estar em boa situação espiritual como é requerido.

"Então Elias disse a todo o povo: Chegai-vos a mim. E todo o povo se chegou a ele; <u>e restaurou o altar do Senhor</u>, que estava quebrado. E Elias tomou doze pedras, conforme ao número das tribos dos filhos de Jacó, ao qual veio a palavra do Senhor, dizendo: Israel será o teu nome. E com aquelas pedras edificou o altar em nome do Senhor; depois fez um rego em redor do altar, segundo a largura de duas medidas de semente" (1 Reis 18:30-32)**

Ele foi cuidadoso em fazer isso de acordo com a prescrição divina. Deus não faz as coisas de qualquer jeito. Descubra o jeito que Ele deseja que as coisas sejam feitas e cuidadosamente siga as instruções, se você quer suceder. Ele sempre tem um programa, jeito e processos; embora Ele sempre possa contorna-los em si mesmo. Mas primeiro faça de acordo com as suas diretrizes. Depois de fazer o necessário e o que foi requerido, as orações de Elias foram respondidas e o fogo de Deus desceu imediatamente. Altares prontos sempre trarão a resposta pronta: fogo de Deus.

"Sucedeu que, no momento de ser oferecido o sacrifício da tarde, o profeta Elias se aproximou, e disse: Ó Senhor Deus de Abraão, de Isaque e de Israel, manifeste-se hoje que tu és Deus em Israel, e que eu sou teu servo, e que conforme à tua palavra fiz todas estas coisas. Responde-me, Senhor, responde-me, para que este povo conheça que tu és o Senhor Deus, e que tu fizeste voltar o seu coração. <u>Então caiu fogo do Senhor</u>, e consumiu o holocausto, e a lenha, e as pedras, e o pó, e ainda lambeu a água que estava no rego" (1 Reis 18:36-38).

Imediatamente o fogo desceu! Esse é um altar apropriado. Ele traz o poder, fogo e a resposta do céu. Um altar apropriado é muito importante para nosso sacrifício. Se nossas orações e sacrifício são muito poderosos, então nosso altar deve estar apropriado e santo de acordo com a forma prescrita. Deus não compartilha de seus altares ou mesmo você com outros poderes. Deus não faz graça com altares. Noé, Abraão, Moisés, e o profeta construíram e mantiveram o altar para o Todo-Poderoso. Altar – um local para encontrar Deus. E o mais importante, não se esqueça que somos móveis, altares vivos em sua dispensação. Lembre-se de que Deus está agora vivendo em você.

Sacerdote

Um sacerdote é um uma pessoa que presenteia a oferta ou a uma pessoa autorizada e comissionada que oferece o sacrifício. Há qualificações e expectativas de um sacerdote. Há muitas ordens no Novo Testamento, tanto cerimonial e sacrificial. Até mesmo o sacerdote tem código de vestimentas, o que eles deveriam ou não deveriam comer e beber etc. E hoje, sabemos que o cristão nascido de novo é um sacerdote.

Nós somos agora uma nova ordem. Você está qualificado para trazer o sacrifício do serviço, adoração, louvor e oração ante de Deus. Jesus o qualificou. A Bíblia diz que a velha ordem já passou e que nós somos de acordo com o sacerdócio de Cristo. Nós somos os sacerdotes do Novo Testamento. Podemos apreciar melhor o que está sendo dito aqui através de 1 Pedro 2:5:

"Vós também, como pedras vivas, <u>sois edificados casa espiritual e sacerdócio santo, para oferecer sacrifícios espirituais</u> agradáveis a Deus por Jesus Cristo".

Nós, cristãos, somos os sacerdotes santos que oferecem sacrifícios espirituais para agradar a Deus. É disso que estamos falando aqui. Agora se há um sacrifício, deve ter um sacerdote, um altar e um oferta. No verso nove, nós também somos chamados de nação santa.

"Mas vós sois a geração eleita, o sacerdócio real, <u>a nação santa</u>, o povo adquirido, para que anuncieis as virtudes daquele que vos chamou das trevas para a sua maravilhosa luz."

Oferta

Uma oferta é um presente que você presenteia a Deus durante o sacrifício. Pode ser aceito ou rejeitado e por isso é necessário passar por especificações. Veja o sacrifício feito por Noé depois do dilúvio, a Bíblia é clara em dizer que ele ofertou a Deus somente os animais e pássaros que foram aprovados para esse propósito. Mais tarde através das leis sacrificiais, Deus alertou a Israel para não trazer animais defeituosos como ofertas para sacrifício. Ele os alertou de maneira tão séria que ele mesmo prometeu rejeitar e punir os ofensores.

Hoje, embora nossas ofertas não sejam vacas, ovelhas, animais, velas, grãos, pássaros etc., há os serviços e sacrifícios espirituais, mas eles também não podem ser deformados ou com culpa. Eles devem vir limpos, puro e com coração grato. Eles devem ser generosos e espirituais para que Deus venha a aceita-los. Sacrifícios e ofertas de um pecador não são agradáveis a Deus. Lembre-se Ele disse que a oração do pecador (se for de arrependimento) são uma abominação para Ele. Você deve entregar a sua vida primeiro, depois o sacrifício. Sacrifício envolve o altar, o sacerdote, a oferta e Deus.

Capítulo 3

Passarei pelo Egito

Uma das mais poderosas e dramáticas liberações na Bíblia e na história humana é o miraculoso método de resgate dos filhos de Israel da terra do Egito. Os israelitas estavam uma bagunça total – escravizados, desumanizados, atormentados, abusados e sistematicamente sendo eliminados quando Deus ordena a Moisés e seu irmão para vá que resgata-los. Mas a libertação não ocorreria até que o sacrifício da Páscoa fosse feito. Este poderoso e complexo sacrifício deve ser executado; estimulando o divino a resgatar toda a espécie humana. Uma espécie que foi produto da aliança da promessa. E agora, deve também estar preservada para a aliança de ações. Como Israel não poderia deixar o Egito sem uma aliança, você também pode ser requisitado a tomar alguns passos sacrificiais ante a você, seu povo, até que aquela visão e projeto estejam concretizados. Libertações divinas respondem a promessas divinas! Leia Êxodos 12:1-17 para entender melhor:

"**E falou o Senhor a Moisés e a Arão na terra do Egito, dizendo: Este mesmo mês vos será o princípio dos meses; este vos será o primeiro dos meses do ano. Falai a toda a congregação de Israel, dizendo: Aos dez deste mês tome cada um para si um cordeiro, segundo as casas dos pais, um cordeiro para cada família. Mas se a família for pequena para um cordeiro, então tome um só com seu vizinho perto de sua casa, conforme o número das almas; cada um conforme ao seu comer, fareis a conta conforme ao cordeiro. O cordeiro, ou cabrito, será sem mácula, um macho de um ano, o qual tomareis das ovelhas ou das cabras. E o guardareis até ao décimo quarto dia deste mês, e todo o ajuntamento da congregação de Israel o sacrificará à tarde. <u>E tomarão do sangue, e pô-lo-ão em ambas as ombreiras, e na verga da porta, nas casas em que o comerem. E naquela noite comerão a carne assada no fogo, com pães ázimos; com ervas amargosas a comerão.</u> Não comereis dele cru, nem cozido em água, senão assado no fogo, a sua cabeça com os seus pés e com a sua fressura. E nada dele deixareis até amanhã; mas o que dele ficar até amanhã, queimareis no fogo. Assim pois o comereis: <u>Os vossos lombos cingidos, os vossos sapatos nos pés, e o vosso cajado na mão; e o comereis apressadamente; esta é a páscoa do Senhor.</u>**

<u>**E eu passarei pela terra do Egito esta noite**</u>**, e ferirei todo o primogênito na terra do Egito, desde os homens até aos animais; e em todos os deuses do Egito farei juízos. Eu sou o Senhor. E aquele sangue vos será por sinal nas casas em que**

estiverdes; vendo eu sangue, passarei por cima de vós, e não haverá entre vós praga de mortandade, quando eu ferir a terra do Egito. E este dia vos será por memória, e celebrá-lo-eis por festa ao Senhor; nas vossas gerações o celebrareis por estatuto perpétuo. Sete dias comereis pães ázimos; ao primeiro dia tirareis o fermento das vossas casas; porque qualquer que comer pão levedado, desde o primeiro até ao sétimo dia, aquela alma será cortada de Israel. E ao primeiro dia haverá santa convocação; também ao sétimo dia tereis santa convocação; nenhuma obra se fará neles, <u>senão o macho pelo que guardareis a este dia nas vossas gerações por estatuto perpétuo</u> (Êxodo 12:1-17).

Poderoso, complexo, profundo e detalhado sacrifício porque como dizemos a libertação seria o começo de todos os resgates, assim o sacrifício deve ser a mãe de todos os sacrifícios. Todas as persuasões, milagres, sinais e maravilhas precisavam ocorrer para que o Faraó permitisse a Israel deixar a terra, mas mesmo assim, Faraó se recusou. Na verdade, ele perguntou a Moisés e Arão: "quem é o seu Deus para que eu permita aos israelitas ir?". Imagine isso. Ainda mais depois de dez sinais miraculosos e punições, ele ainda se recusou. Assim, Deus decidiu provar que Ele é o Todo-Poderoso. Ele imediatamente disse a Moisés que Ele enviaria mais um desastre para o Faraó do Egito, e depois disso, o fraco e obstinado rei do Egito praticamente os pediria para deixar o país.

As coisas estão do jeito que estão porque Deus não se mostrou. Quando Deus se mostra todas as algemas da escravidão e servidão de sua vida serão quebradas. Quando Ele se mostra, o "Faraó" de sua vida se curvará e se humilhará para que você o deixe ir. Todos os problema e servidões dessa vida tem uma solução. Tome a ação correta e você obterá o resultado correto. Em Deus todos as coisas são possíveis. Sim, todas as coisas. Pague o preço correta e você obterá o resultado correto. Agora, declaro que você e sua família serão livros da servidão de Satanás, em nome de Jesus!

Deus poderia se livrar de Faraó e do Egito inteiro em um segundo, mas Ele não fez isso. Ao contrário, Ele escolheu iniciar um sacrifício que estimularia a libertação dramática de Israel. Ele sempre irá querer que estejamos envolvidos no processo. Por quê? Novamente porque Ele escolheu o sangue do cordeiro, pão sem fermento para fazer esta ordenança a meia-noite? Não conseguiremos entrar em todos esses detalhes, mas penso que o cordeiro e o sangue que estavam apontavam para o preço que Jesus pagaria para nos tirar do pecado (Egito). Então, o pão sem fermento estava significando o duro caminho para a terra prometida. E a escolha da meia-noite também foi um problema, mas gostaria que você fosse rápido e pegasse uma cópia do meu livro *O poder da oração da meia-noite*. É um livro de vinte e um capítulos de poderosas revelações no mistério da meia-noite e o grande poder do Todo-Poderoso. Obtenha-o imediatamente. Está disponível na Amazon.

Depois do sacrifício da meia-noite, a palavra de Deus se cumpriu. Faraó implorou aos israelitas para deixarem o Egito. A palavra de Deus nunca falhará! Todos os poderes que lhe amarram serão destruídos hoje conforme você lê esta mensagem, em nome de Jesus! Deus está destruindo os faraós e o egípcios por sua causa. Na noite do sacrifício – a Páscoa, o anjo da morte levou os primogênitos de todos os primogênitos homem do Egito. E houve grande lamentações de homens e animais pela terra. Todas as famílias tinham um morto para lidar e ninguém consultava ninguém. Dor, confusão, morte e lamentações tomaram conta do Egito. E qual foi o resultado?

"Então chamou a Moisés e a Arão de noite, e disse: Levantai-vos, saí do meio do meu povo, tanto vós como os filhos de Israel; e ide, servi ao Senhor, como tendes dito. Levai também convosco vossas ovelhas e vossas vacas, como tendes dito; e ide, e abençoai-me também a mim. E os egípcios apertavam ao povo, apressando-se para lançá-los da terra; porque diziam: Todos seremos mortos" (Êxodo 12:30-33).

O poder do sacrifício! É somente um sacrifício que pode subjugar o inimigo desse jeito. Somente isso pode mudar a situação de tal forma. Este era o mesmo faraó orgulhoso, obstinado e arrogante. E esses eram os mesmos terríveis, perversos, exploradores e endurecidos egípcios. Agora eles estavam humilhados e pedindo a Moisés e os israelitas para se apressarem a deixa-los para eles (os egípcios) não morressem. Até mesmo o faraó estava pedindo para abençoa-los antes deles irem. Deus o fará como um deus entre seus inimigos de hoje em diante, em nome de Jesus! Que Deus possa te levar ao verdadeiro sacrifício que o fará completamente livre, sua família e seu povo e sua nação de todas as amarras, em nome de Jesus!

Este foi o mesmo sacrifício que atraiu a presença de Deus como uma nuvem durante o dia e um pilar de fogo durante a noite que os acompanhava na jornada. Foi o mesmo sacrifício que dividiu o Mar Vermelho para eles, e que também encobriu seus inimigos. Sim, faraó e todos os seus comandantes, tropas, cavalos, charretes, e cocheiros foram afogados no mar ante os israelitas. Todo faraó e cavaleiro que lhe perseguir será jogado ao mar, em nome de Jesus! Homens de sacrifício nunca ficarão presos no Egito. Nunca! Não importa qual seja o nome do Egito. Eles sempre serão libertos disso.

Penso que sei um pouco sobre o sacrifício da meia-noite. Quando você ler meu livro que mencionei anterior, você entenderá. Comece o sacrifício da meia-noite e você se libertará da mão do inimigo para sempre.

Senhor lembre-me novamente

Há muitos homens e mulher de sacrifício que Deus usou para libertar Seu povo nas escrituras. Pessoas como o grande Davi, Sansão, Débora, Ester, Josafá entre outros. Alguns deram a sua vida e outros estavam prontos a fazer o mesmo. Podemos começar com o homem mais poderoso que já viveu?

Sansão

Tudo sobre Sansão foi sobre grande sacrifício – do começo até o fim. Quando o anjo de Deus anunciou a sua chegada, ele deu ordenanças que a mãe e a criança deveriam observar. A futura mãe não deveria beber vinho nem qualquer outra bebida alcoólica e não deveria comer comidas proibidas. E quando Sansão chegasse, não deveriam cortar seu cabelo, nem mesmo sua barba. Ele seria um nazireu – separado para uma missão especial. Ele viria para resgatar Israel dos filisteus. Há coisas que a mãe deve observar e que o bebê deve observar. Na verdade, o bebê deve ser um altar desde o primeiro dia de vida até a morte. Ele será um sacrifício de si mesmo conforme ele guarde isso, enquanto ele guardasse esse mandamento seria invencível.

E quando este anjo eventualmente encontrou o pai de Sansão, o anjo lhe disse:

"E disse o anjo do Senhor a Manoá: De tudo quanto eu disse à mulher se guardará ela. De tudo quanto procede da videira não comerá, nem vinho nem bebida forte beberá, nem coisa imunda comerá; tudo quanto lhe tenho ordenado guardará.

Então Manoá disse ao anjo do Senhor: Ora deixa que te detenhamos, e te preparemos um cabrito. Porém o anjo do Senhor disse a Manoá: Ainda que me detenhas, não comerei de teu pão; <u>e se fizeres holocausto o oferecerás ao Senhor.</u> Porque não sabia Manoá que era o anjo do Senhor. E disse Manoá ao anjo do Senhor: Qual é o teu nome, para que, quando se cumprir a tua palavra, te honremos? E o anjo do Senhor lhe disse: Por que perguntas assim pelo meu nome, visto que é maravilhoso? <u>Então Manoá tomou um cabrito e uma oferta de alimentos, e os ofereceu sobre uma penha ao Senhor: e houve-se o anjo maravilhosamente, observando-o Manoá e sua mulher. E sucedeu que, subindo a chama do altar para o céu, o anjo</u>

<u>do Senhor subiu na chama do altar;</u> o que vendo Manoá e sua mulher, caíram em terra sobre seus rostos" (Juízes 13:13-20).

O anjo do Senhor ascendeu no fogo que vinha do altar do sacrifício. Antes que prossigamos, dê uma olhada nessas palavras novamente "depois do sacrifício, eles virão que o Senhor fez uma coisa maravilhosa". Quando você sacrifica, você verá as coisas maravilhosas que Deus estará fazendo por você. Sacrifícios atraem maravilhas divinas. Sacrifícios deveriam ser observados antes que a criança nascesse, os sacrifícios selariam a aliança entre os pais e Deus. Assim, a missão da criança seria estimulada por sacrifício, mantida por sacrifícios, e também terminada em um poderoso sacrifício. Enquanto Sansão manteve essa aliança, ele não teve derrota, ele continuou a empurrar os portões dos inimigos, a abater centenas deles, derrotar leões com suas mãos etc. Sacrifícios que estimularam a libertação. Uma vida sacrificial sempre será libertadora e será usada para libertar aos outros.

Mesmo quando Sansão caiu e começou a viver em imoralidade e sem quaisquer cuidados, os céus esperavam por ele para que viesse acertar seus caminhos e terminar sua missão divina. Alianças divinas, especialmente aquelas concedidas por meio de sacrifícios não vão embora facilmente, porque elas são promessas feitas por juramentos divinos. É por essa razão que às vezes Deus passará os instrumentos humanos e ainda fará o seu propósito. Veja como Moisés morreu, Deus, logo em seguida, colocou Josué no lugar dele, para assim terminar a tarefa. Ninguém, seja homem ou mulher é indispensável no plano de Deus. Sansão era um grande homem, um guerreiro dedicado, mas não foi cuidadoso em manter seu relacionamento com Deus, o qual era a fonte de sua força e conquistas. E alguns de nós hoje cometem o mesmo erro. Você tem deixado o seu primeiro amor. Agora você pode estar tomando a graça de Deus, misericórdia, e relacionamento como garantido. Você sucedeu, portanto, você pensa que pode fazer o que quiser e sair livre. Por favor, retome seus passos agora, a graça de Deus não pode ser tomada como garantida. Você deve continuar a manter vivos os princípios da aliança. Você deve se lembrar que a missão é resultado de uma aliança em acordo que veio de um sacrifício. Se você ignorar isso, pagará um preço terrível por isso.

E Sansão pagou por sua negligência um alto preço. Ele desistiu de seu segredo divino para uma mulher que estava em serviço do inimigo. Ele foi pego, teve seu cabelo cortado, os cegaram e usado para jogos. E de repente, no meio de sua dor e arrependimento, a beira de sua total destruição, ele se lembrou de quem era. Ele se lembrou das promessas divinas, das alianças, dos sacrifícios, e também da vergonha que o seu povo estaria. E de repente, seu cabelo, a unção, a glória e força de Deus começou a crescer. O cabelo começou a crescer, e ele decidiu pagar o supremo sacrifício de morrer com o inimigo. Ele decidiu sacrificar mais uma vez sua vida por seu povo. A glória tirada irá voltar, em nome de Jesus.

"Então os filisteus pegaram nele, e arrancaram-lhe os olhos, e fizeram-no descer a Gaza, e amarraram-no com duas cadeias de bronze, e girava ele um moinho no cárcere. E o cabelo da sua cabeça começou a crescer, como quando foi rapado. Então os príncipes dos filisteus se ajuntaram para oferecer um grande sacrifício ao seu deus Dagom, e para se alegrarem, e diziam: Nosso deus nos entregou nas mãos a Sansão, nosso inimigo. Semelhantemente, vendo-o o povo, louvava ao seu deus; porque dizia: Nosso deus nos entregou nas mãos o nosso inimigo, e ao que destruía a nossa terra, e ao que multiplicava os nossos mortos. E sucedeu que, alegrando-se-lhes o coração, disseram: Chamai a Sansão, para que brinque diante de nós. E chamaram a Sansão do cárcere, que brincava diante deles, e fizeram-no estar em pé entre as colunas. Então disse Sansão ao moço que o tinha pela mão: Guia-me para que apalpe as colunas em que se sustém a casa, para que me encoste a elas. Ora estava a casa cheia de homens e mulheres; e também ali estavam todos os príncipes dos filisteus; e sobre o telhado havia uns três mil homens e mulheres, que estavam vendo Sansão brincar. <u>Então Sansão clamou ao SENHOR, e disse: Senhor DEUS, peço-te que te lembres de mim, e fortalece-me agora só esta vez, ó Deus, para que de uma vez me vingue dos filisteus, pelos meus dois olhos. Abraçou-se, pois, Sansão com as duas colunas do meio, em que se sustinha a casa, e arrimou-se sobre elas, com a sua mão direita numa, e com a sua esquerda na outra. E disse Sansão: Morra eu com os filisteus. E inclinou-se com força, e a casa caiu sobre os príncipes e sobre todo o povo que nela havia;</u> e foram mais os mortos que matou na sua morte do que os que matara em sua vida" (Juízes 16:21-30).

Lembre-se de mim, Senhor! Um grande homem de sacrifício: "deixe-me morrer com os filisteus se isso for remover a vergonha e trazer libertação para o meu povo". Sim, o maior sacrifício é dar sua vida pelos outros, isso é o que o Mestre nos ensinou. Falaremos sobre isso mais tarde. Sansão pagou o preço. Deus não planejou que ele morreu com os inimigos, mas ele pediu, para que assim, o supremo sacrifício fosse atingir por esse sacrifício. E qual foi o resultado do sacrifício? Todos os líderes dos filisteus, milhares de testemunhas, escarnecedores, zombadores, e outros três mil, seu deus – Dagon e seu templo demolido. Este foi o efeito desse sacrifício.

Logo após que Sansão se arrependeu, seu cabelo (força) começou a crescer novamente. Então, Deus organizou umq massiva coleção de inimigos para uma destruição maior. Eles foram destruídos junto com seus deuses. Lembre-se que Ele disse a Moisés: "julgarei os egípcios e seus deuses". Aqui, novamente, Deus julga os filisteus e seus deuses. Glórias sejam dadas a Deus! Há poder no sacrifício que traz maiores resultados.

Se for para perecer, perecerei

A próxima pessoa que queremos discutir é uma grande mulher de Deus: Ester. Amo tanta a história dessa mulher que nomeei minha filha após ela. Na verdade, algumas vezes a chamo *Hadassah,* que é a versão hebraica. Que significa murta, noiva, estrela. Em um período muito crítico na vida dos israelitas, um tempo onde o inimigo obteve sucesso em fazer uma armadilha para matar todos os judeus, Ester escolheu colocar a sua vida na linha. Ela estava pronta em arriscar a sua vida para salvar seu povo. Este é um sacrifício supremo! O sacrifício foi tão poderoso que Deus trabalhou para mudar a situação. O rei deu um parecer favorável para condenar os judeus, promovendo os judeus como inimigos que deveriam ser enforcados.

Você conhece essa história muito bem. Haman, o primeiro ministro do rei Xerxes, o regente do Império Persa não estava feliz que Mardoqueu, um judeu recusou se ajoelhar. Mardoqueu recusou se juntar aos outros funcionários do palácio e se ajoelhar a Haman quando ele passada. Sim, somos judeus! Não podemos adorar qualquer outra pessoa, ser, imagem ou objeto. Deus disse que devemos adora-lo somente, somente a Ele deveria receber nossa adoração. Devemos respeitar as pessoas especialmente os mais velhos e as autoridades, mas não devemos dar o lugar de Deus. Somente Deus, Jeová, o criador, o Deus de Israel deve ser adorado e a quem devemos nos curvar. Assim, Mardoqueu estava certo em não se curvar diante desse homem.

Haman ficou com ódio por esta "desobediência". Então ele obteve sucesso em manipular o rei para armar uma armadilha não somente para Mardoqueu, seu inimigo, mas para o povo dele – os judeus. Um dia foi aprovado para matar todos os judeus, os jovens e idosos, as mulheres e crianças. Todos os traços dos judeus deveriam ser aniquilados completamente. Até mesmo as suas propriedades serviriam de prêmio para aqueles que os matassem. Oro para que Deus pare todo Haman que tenha plano de destruí-lo, em nome de Jesus!

Conforme Mardoqueu, o judeu ouviu sobre os planos, ele ficou abalado. Ele tirou suas roupas, colocou um saco e cinzas, chorou e lamentou. Todos os judeus em todas as províncias também estavam em lamento, jejuando, chorando e em pranto. Todos usaram saco e cinzas. Disseram a eles que eles, suas esposas e filhos seriam mortos. Mardoqueu contou sobre essa notícia triste a sua sobrinha, que era a esposa do rei na época. Mas não havia nada que Ester pudesse fazer porque ela não poderia entrar na presença do rei, ao menos que ela desejasse morrer. Era uma lei. Veja:

"Então falou Ester a Hatá, mandando-o dizer a Mardoqueu: Todos os servos do rei, e o povo das províncias do rei, bem sabem que todo o homem ou mulher que chegar ao rei no pátio interior, sem ser chamado, não há senão uma sentença, a de morte, salvo se o rei estender para ele o cetro de ouro, para que viva; e eu nestes trinta dias não tenho sido chamada para ir ao rei" (Ester 4:10-11).

A situação é séria. Condenação à morte, lamentação, choro e pranto e agora a única pessoa que poderia ajudar está impedida por uma lei. Impedida por uma lei dos medos e persas. Entretanto o espírito de sacrifício em Ester acorda e pede a Mardoqueu e os outros judeus para jejuar em favor dela por três dias. Ela faria o mesmo com suas damas de companhia. Grande mulher! Leiamos isso pelas escrituras:

"Então disse Ester que tornassem a dizer a Mardoqueu: Vai, ajunta a todos os judeus que se acharem em Susã, e jejuai por mim, e não comais nem bebais por três dias, nem de dia nem de noite, e eu e as minhas servas também assim jejuaremos. E assim irei ter com o rei, <u>ainda que não seja segundo a lei; e se perecer, pereci</u>" (Ester 4:15,16).

Se tiver que morrer, morrei! Se tiver que perecer pelos judeus, perecerei! Que coragem! A oração de todos os judeus e esse grande risco que esta judia fez tomou a morte por suas mãos e a afastou. Seria totalmente um genocídio contra uma etnia. Ela arriscou sua vida pelos outros. Ela estava disposta a morrer se isso salvasse a vida de milhares de judeus. E Deus imediatamente interviu e tornou tudo em seu favor. É difícil um judeu resistir a sacrifícios. Sacrifícios são muito poderosos. Dada a essa ação singular Ester é respeitada hoje, honrada e celebrada pelos judeus nos quatro cantos do mundo. E talvez, a mais lembrada hoje em dia. O festival anual de Purim foi intitulado assim por conta desse incidente. É celebrada até hoje a celebração anual de como Deus tornou o lamento de Israel em alegria, tristeza em gozo, medo em vitória, e sofrimento em felicidade. É comemorado em tempo quando os judeus ganharam alívio de seus inimigos. Ao invés dos judeus perecerem, seus inimigos foram mortos e Haman e seu filho foram enforcados.

Quem é esse filisteu incurciso?

Outro grande homem que entendeu o que é sacrifício é o Rei Davi. Quando era apenas um garoto, David arriscava a sua vida para salvar as ovelhas de seu pai. Ele tomava ovelhas e cabras da boca do leão. Veja:

"Então disse Davi a Saul: Teu servo apascentava as ovelhas de seu pai; e quando vinha um leão e um urso, e tomava uma ovelha do rebanho, Eu saía após ele e o feria, e livrava-a da sua boca; e, quando ele se levantava contra mim, lançava-lhe mão da barba, e o feria e o matava. Assim feria o teu servo o leão, como o urso; assim será este incircunciso filisteu como um deles; porquanto afrontou os exércitos do Deus vivo" (1 Samuel 17:34-36).

Quando era um adolescente, ele estava tirando ovelhas da boca de leões e ursos. Certamente, isso não é comum. Quando um jovem adulto, ele estava disposto a dar a sua vida para proteger o que lhe foi comissionado proteger. Ele estava preparado para sacrificar o seu melhor, mas isto só estava lhe preparando para tarefa maiores. Ele mais tarde mataria um dos maiores e mais temidos inimigos de Israel e também se tornaria o maior e mais poderoso rei do futuro de Israel. Ele seria um libertador, um rei, um líder, um profeta e um homem segundo o coração de Deus, mas ele não seria tudo isso se não fosse um homem de sacrifício. Essas lutas contra os animais o fortificaria para lidar com o obstinado Israel. Elas foram o que lhe ensinou para as batalhas do futuro. Ele lutaria grandes batalhas. Ele conquistaria bastante para Deus e para Israel.

Das batalhas com leões e ursos, o desafiante Golias apareceu. Você deve fazer certo em um desafio antes que Deus lhe dê outro maior ainda. Vitória abre caminho para outra vitória. Golias, um gigante, um galante soldado filisteu assustava e aterrorizava o exército de Israel por diversas vezes. Ninguém poderia responde-lo ou luta-lo. Ele era um homem de muitas batalhas; muito forte para um soldado qualquer. Veja como a Bíblia o descreve e a situação em que Israel se encontrava:

"Então saiu do arraial dos filisteus um homem guerreiro, cujo nome era Golias, de Gate, que tinha de altura seis côvados e um palmo. Trazia na cabeça um capacete de bronze, e vestia uma couraça de escamas; e era o peso da couraça de cinco mil siclos de bronze. E trazia grevas de bronze por cima de seus pés, e um escudo de bronze entre os seus ombros. E a haste da sua lança era como o eixo do tecelão, e a ponta da sua lança de seiscentos siclos de ferro, e diante dele ia o escudeiro. E parou, e clamou às companhias de Israel, e disse-lhes: Para que saireis a ordenar a batalha? Não sou eu filisteu e vós servos de Saul? Escolhei dentre vós um homem que desça a mim. Se ele puder pelejar comigo, e

me ferir, a vós seremos por servos; porém, se eu o vencer, e o ferir, então a nós sereis por servos, e nos servireis. Disse mais o filisteu: Hoje desafio as companhias de Israel, dizendo: Dai-me um homem, para que ambos pelejemos. Ouvindo então Saul e todo o Israel estas palavras do filisteu, espantaram-se, e temeram muito" (1 Samuel 17:4-11).

Quem não sentiria medo depois de ouvir sobre esse homem? Um gigante com tamanhas armas e experiência. Um homem forte que está fortemente apoiado por um exército forte, bem treinado e equipado. Quem não ficaria assustado? Golias vinha todos os dias para desafia-los e logo que os soldados israelitas o viram, eles começaram a correr um após o outro.

Foi assim até que Davi apareceu na cena. Ele era um dos soldados, mas ele não gostou do que seu povo estava passando. Golias tinha desafiado Israel e também a seu Deus. Você pode não ser parte do sistema, mas Deus pode usá-lo. Você pode não ter as qualificações, mas Deus pode usar para fazer as tarefas. Deus pode anular qualificações, conexões e até mesmo treinamentos para atingir Seus propósitos. Davi aceitou o desafio e se moveu contra o gigante que era fortemente treinado e equipado, enquanto ele estava com suas coisas de pastor, um estilingue e cinco pedras do riacho, que ele havia colocado em sua bolsa. Certamente, esse foi o maior risco do século, uma missão desesperadora. Entretanto, quando o garoto se aproximou do gigante, as forças do céu foram a frente e cumpriram a missão.

"E sucedeu que, levantando-se o filisteu, e indo encontrar-se com Davi, apressou-se Davi, e correu ao combate, a encontrar-se com o filisteu. E Davi pôs a mão no alforje, e tomou dali uma pedra e com a funda lha atirou, e feriu o filisteu na testa, e a pedra se lhe encravou na testa, e caiu sobre o seu rosto em terra. Assim Davi prevaleceu contra o filisteu, com uma funda e com uma pedra, e feriu o filisteu, e o matou; sem que Davi tivesse uma espada na mão. Por isso correu Davi, e pôs-se em pé sobre o filisteu, e tomou a sua espada, e tirou-a da bainha, e o matou, e lhe cortou com ela a cabeça; vendo então os filisteus, que o seu herói era morto, fugiram. Então os homens de Israel e Judá se levantaram, e jubilaram, e seguiram os filisteus, até chegar ao vale, e até às portas de Ecrom; e caíram os feridos dos filisteus pelo caminho de Saaraim até Gate e até Ecrom. Então voltaram os filhos de Israel de perseguirem os filisteus, e despojaram os seus arraiais" (1 Samuel 17:48-53)

Pelo sacrifício de um garoto Israel foi liberto. Certamente há poder em sacrifícios. Davi permitiu ser usado por Deus. Ele tomou para si um dos maiores riscos da história.

Agora, veja o resultado – os inimigos estavam em desgraça, derrotados e saqueados. O gigante Golias havia sido morto; os filisteus foram afastados, feridos e mortos. Quando tomamos o risco de servir a Deus e a humanidade, as forças do céu vêm em nosso socorro. Deus ama sacrifícios porque eles entendem excessivamente e convidam o Todo-Poderoso e seus exércitos para vir e nos ajudar.

Qual é o sacrifício que Deus tem colocado em seu coração? Vá em frente e faça-o. Não espere a oportunidade ir embora. Esse evento colocou Davi no centro das atenções. Ele se casou com a filha do rei, se juntou ao exército, se tornou um herói nacional em um instante. Na verdade, ele instantaneamente foi apontado como comandante do exército. O Israel todo o celebrava. Isso é o que sacrifícios podem fazer. Sacrifícios sempre trarão resultados incríveis e promoções sobrenaturais.

Dinastia de reis para você

Davi continuou a se arriscar por Deus e por Israel, tomando riscos e Deus continuou a abençoar as gerações e promessas a Davi e seus descendentes. Citaremos uma ou duas e seguiremos em frente, pois tomaria livros para discutir a vida desse homem.

Depois que ele se estabeleceu no palácio para governar a Israel, ele chamou Natã, o profeta e disse-o que desejava construir uma casa para Deus – um templo. Mesmo quando Deus recusou e escolheu seu filho, Davi foi afrente e juntou os materiais para a construção. Essas ações mexeram tanto com Deus que Ele prometeu fazer a Davi e o seus famosos e que reinariam para sempre.

"Porém sucedeu naquela mesma noite, que a palavra do Senhor veio a Natã, dizendo: Vai, e dize a meu servo Davi: Assim diz o Senhor: Edificar-me-ás tu uma casa para minha habitação?'

"E fui contigo, por onde quer que foste, e destruí a teus inimigos diante de ti; e fiz grande o teu nome, como o nome dos grandes que há na terra'

E desde o dia em que mandei que houvesse juízes sobre o meu povo Israel; a ti, porém, te dei descanso de todos os teus inimigos; também o Senhor te faz saber que te fará casa. Quando teus dias forem completos, e vieres a dormir com teus pais, então farei levantar depois de ti um dentre a tua descendência, o qual sairá das tuas entranhas, e estabelecerei o seu reino. Este edificará uma casa ao meu nome, e confirmarei o trono do seu reino para sempre. Eu lhe serei por pai, e ele me será por filho; e, se vier a transgredir, castigá-lo-ei com vara de homens, e com açoites de filhos de homens. Mas a minha benignidade não se apartará dele; como a tirei de Saul, a quem tirei de diante de ti. Porém a tua casa e o teu

reino serão firmados para sempre diante de ti; teu trono será firme para sempre""" (2 Samuel 7:4-5; 9; 11-16)

Somente por Davi? Por quê? Porque ele pensou em construir um templo apropriado para o Deus de Israel! Veja o que as ações de Davi atingiram – seu nome seria famoso por toda a terra e de si sairia uma dinastia que reinaria para sempre. Quando você é um homem ou mulher de sacrifício, você faz Deus dar diversas bênçãos a você e sua família. **Faça o que os outros não fizeram e Deus fará a você o que não fez pelos outros.** Esta é uma política divina estabelecida. Deus amou a Davi tanto porque Davi amou a Deus e a seu povo. Ele sempre estava procurando um jeito de agradar a Deus ou se arriscar pelo bem de seu povo. Várias vezes ele teve que colocar a sua vida em risco para libertar Israel. Ele matou milhares dos inimigos de Israel. Se você quer ser famoso, se você quer reinar, se você deseja ser um homem segundo o coração de Deus, se você quer ser sucedido, então seja um homem ou mulher de sacrifício. Seja generoso, sempre dê o seu melhor por Deus e pela humanidade. E Deus lhe abençoará como Ele abençoou a Davi. Você também se tornará um homem segundo Seu coração.

Capítulo 4

Pagarei o preço

Eu disse que é difícil escrever ou falar sobre Davi. O homem é em si mesmo uma instituição. É um pouco difícil de parar de falar quando se começa a falar sobre ele. Mas me esforçarei em fazê-lo. Este grande homem amava pagar o preço independente do que ele quisesse atingir na vida. Ele não fugiria das batalhas, desafios ou custos. Você se lembra quando ele construiu um altar para apaziguar a Deus junto à eira de Araúna. O homem disse a David que ele poderia ter a terra de graça e alguns bois e mais algumas ferramentas para o sacrifício; entretanto, Davi recusou a oferta. Ele disse que não usaria algo que não lhe custou nada para sacrificar a Deus. Que maneiras são essas?

Alguém está fazendo as coisas difíceis por você e você as recusa? Se fosse muito de nós, aceitaríamos a oferta imediatamente, até mesmo com agradecimentos. Mas Davi, o grande homem de sacrifício disse: "Não! Quero pagar o preço! Quero ter os custos!" Há um preço para tudo. Há um preço para grandezas. Há um preço para grandes relacionamentos, grandes negócios, grande sabedoria, um casamento bem-sucedido, boa educação etc. Descubra os custos e pague por eles. Se você deseja ser como Davi e outros grandes homens, pague o preço.

Alguns de nós quer o poder e milagre de Elias, Moisés, Jesus Cristo, Samuel etc., mas não queremos pagar o preço. Todos esses pagaram um preço individual para atingir as alturas em sua vida e ministério. Pague o preço. Davi disse ao senhor Araúna que a grandeza nunca é atingida de maneira gratuita. Vejamos:

"E Gade veio naquele mesmo dia a Davi, e disse-lhe: Sobe, levanta ao Senhor um altar na eira de Araúna, o jebuseu. Davi subiu conforme à palavra de Gade, como o Senhor lhe tinha ordenado. E olhou Araúna, e viu que vinham para ele o rei e os seus servos; saiu, pois, Araúna e inclinou-se diante do rei com o rosto em terra. E disse Araúna: Por que vem o rei meu senhor ao seu servo? E disse Davi: Para comprar de ti esta eira, a fim de edificar nela um altar ao Senhor, para que este castigo cesse de sobre o povo. Então disse Araúna a Davi: Tome, e ofereça o rei meu senhor o que bem parecer aos seus olhos; eis aí bois para o holocausto, e os trilhos, e o aparelho dos bois para a lenha. Tudo isto deu Araúna ao rei; disse mais Araúna ao rei: O Senhor teu Deus tome prazer em ti. Porém o rei disse a Araúna: <u>Não, mas por preço justo to comprarei, porque não oferecerei ao Senhor meu Deus holocaustos que não me custem nada.</u> Assim

Davi comprou a eira e os bois por cinquenta siclos de prata. E edificou ali Davi ao Senhor um altar, e ofereceu holocaustos, e ofertas pacíficas. Assim o Senhor se aplacou para com a terra e cessou aquele castigo de sobre Israel" (2 Samuel 24:18-25)

Descubra o preço e pague-o. Se você deseja ser grande, descubra o preço. Seja um homem de sacrifício. Você precisa suportar o treino ou educação para uma nova promoção. Pague o preço. Tudo na vida tem um preço. Dizem que se você quer ser maior que os seus inimigos, você precisa estar acordado quando eles estão dormindo. Mesmo se você quer ser maior para financiar grandezas, mesmo ao dizermos que a salvação é de graça, ela não é completamente de graça. Alguém pagou o preço por isso. Sim, Jesus o fez! Isto custou a Sua vida! E você também a mantém através de preços e sacrifícios. Assim, Davi pagou por ela, fazendo o sacrifício que Deus aceitou. As pragas, a morte, a punição divina que estava tomando Israel cessou. Sim, todas as pragas podem ser paradas por meio de sacrifícios.

Davi, homem poderoso

Não foi Davi sozinho que fez a ampliação de seu reino durante o seu reinado. Ele tinha outros grandes homens que o ajudaram a obter sucesso em muitas batalhas. E acho que seria bom mencionar alguns deles aqui devido ao nível de sacrifício que eles fizeram. Todos eles puseram seu nome no livro da fama pelo sua excepcional braveza e heroísmo.

Jezobeão, o hacmonita

Ele era o comandante e líder do exército de Davi, e o primeiro entre os três mais poderosos homens da equipe. Este cara foi tão poderoso e valente que ele somente com uma lança matou oitocentas soldados inimigos em uma batalha. Ele era o primeiro entre os seus iguais. Ele foi um homem de sacrifício e a história lhe deu o seu merecido lugar. Um homem de sacrifício sempre fará história e também será o primeiro entre os seus, mesmo depois dos eventos. Jezobeão não se tornou grande do dia para a noite. Não. Ele cumpriu com seus deveres. Pagou o preço da grandeza. Se você pagar o preço, terá o troféu.

Eleazar

Ele era entre os três melhores. Ele era o filho de Dodó, um descendente de Aoí. Ele uma vez permaneceu com David para lutar quando o exército inteiro de Israel fugiu dos filisteus. Veja o que a Bíblia diz sobre ele:

"Este se levantou, e feriu os filisteus, até lhe cansar a mão e ficar a mão pegada à espada; e naquele dia o Senhor efetuou um grande livramento; e o povo voltou junto dele, somente a tomar o despojo." (2 Samuel 23:10)

Este campeão, grande homem de sacrifício se recusou a deixar o seu superior para lutar uma batalha sozinho. Mesmo quando todos os soldados fugiram, ele permaneceu ao lado de Davi para lutar contra o inimigo e defender o seu povo. Esta é a marca de um campeão. Campeões não fogem de desafios. Um campeão não desiste como os outros. Campeões suportam sua causa, sua visão, seu povo, e seu superior até o fim. Este é um sacrifício verdadeiro. Eles sempre estarão ali para ver o sinal da batalha, colher os frutos e acabar com os outros.

Agora, veja como a história foi gentil com ele. Seu nome e ações foram documentadas para futuras gerações e leremos de geração em geração até que Jesus venha. Entretanto, infelizmente, ninguém se lembrará, mencionará ou honrará àqueles soldados que fugiram da batalha somente para retornar e ver como o adversário estava. **Campeões são feitos durante desafios e não compartilhar da derrota.** Quando você foge de desafios, você automaticamente desqualifica a si mesmo da vitória e da glória. Levante-se hoje e faça o sacrifício, pague o preço de sua grandeza. Eleazar se levantou com Davi e lutou até não sentir mais suas mãos. Ele derrotou o inimigo, colheu os despojos da guerra e teve seu nome escrito no hall da fama.

Samá

Este foi outro grande homem de sacrifício. Mais uma vez o exército israelita fugiu da batalha, mas esse homem chamado Samá permaneceu no campo de batalha e derrotou os filisteus, trazendo a vitória a Israel. Deus tem o seu povo. Ele resistiu um exército inteiro de um país, quando o seu exército tinha o abandonado. Há uma força divina que vem ajudar homens e mulheres de sacrifício. Você pode não ver ou sentir, mas vem para honrar a sua fé, sua bravura e seu amor por Deus e por outros. Isto é verdade. Ou me diga como esses homens conseguiram atingir esses feitos? Quando você toma riscos para servir a Deus e a humanidade, quando você deixa o seu jeito para agradar e satisfazer os outros, poderosas forças celestiais vêm em sua ajuda. Elas te ajudam a conquistar o que não pode ser alcançado por forças naturais.

Esses três homens que falamos fizeram algo que fará os planejadores militares modernos e instrutores repensar. O seu superior Rei Davi pediu a água que estava atrás diretamente da linha do inimigo. Esses guerreiros foram imediatamente, quebraram a linha fortificada do inimigo e pegaram a água para Davi. Certamente, esse é uma das ações mais bravas que você verá na Bíblia ou mesmo na história. Até mesmo nossa força especial invejará essa façanha. Falemos sobre o sacrifício extremo. E agradeça a Deus, que o sábio e espiritual Davi não bebeu da água. Ele pingou-a como um sacrifício ao Senhor. Sendo um sacrifício feito de outro sacrifício. Você pode prever o que virá daí:

"Davi estava então num lugar forte, e a guarnição dos filisteus em Belém. E teve Davi desejo, e disse: Quem me dera beber da água da cisterna de Belém, que está junto à porta! Então aqueles três poderosos romperam pelo arraial dos filisteus, e tiraram água da cisterna de Belém, que está junto à porta, e a tomaram, e a trouxeram a Davi; porém ele não a quis beber, mas derramou-a perante o Senhor. E disse: Guarda-me, ó Senhor, de que tal faça; beberia eu o sangue dos homens que foram com risco da sua vida? De maneira que não a quis beber; isto fizeram aqueles três poderosos." (2 Samuel 23:14-17)

Tomando riscos para satisfazer aos outros. Tome riscos para melhorar a humanidade e você se tornará um herói. Esses homens arriscaram a sua vida para agradar a Davi. Mas perceba outra coisa aqui, Davi se recusou a beber a água pois se tratava do precioso sangue dos guerreiros. Ele não estava mais vendo água, mas sangue. Sim, produtos de sacrifício; ações e sacrifícios sempre são transmutados. Eles mudam do natural para o sobrenatural. Do comum para o extraordinário. Do humano para o divino. É uma coisa espiritual. A água tornou-se em sangue logo que esses homens se arriscaram para pega-la. Quando você vive uma vida de sacrifício, as coisas que você faz e as coisas a sua volta se torna sobrenatural. Nenhum homem comum poderá entende-lo novamente.

Por exemplo, quando os quatro soldadosde 2 Reis capítulo 7 tomaram o risco e começaram a andar em volta do campo inimigo, suas pegadas foram transformadas em carros de guerra. Os inimigos começaram a ouvir sons estranhos, misteriosos, temerosos, um barulho ensurdecedor. Os inimigos fugiram pensando que Israel teria se ajuntado com outras nações contra eles. Quando Jesus voltou do sacrifício da cruz e do túmulo, ele não precisava mais de cavalos ou qualquer outro meio para viajar. Ele poderia aparecer e desaparecer conforme desejasse. Ele não precisava mais passar pela porta para entrar em uma casa etc. Depois do sacrifício do monte Carmelo, Elias se tornou tão sobrenatural que ele poderia correr mais rápido do que uma charrete real. Este é o poder do sacrifício. Torna tudo em sobrenatural. Faz você e suas ações sobrenatural.

Houve ainda outros homens com Davi que sabiam sobre sacrifício. Aishai também lançou uma lança que matou trezentos soldados inimigos em uma única batalha.

Benaia, filho de Joiada matou dois dos mais poderosos soldados de Moabe e, em outro incidente, ele derrubou um leão em uma vala, apesar da neve e do chão escorregadio, ele pegou o leão e o matou. E ainda outra vez, armado com um porrete, ele matou um grande soldado egípcio que estava armado com uma lança. Ele arrancou a lança das mãos do egípcio e o matou com ela. Agora todos esses homens e essas façanhas foram para derrotar o povo de Deus. Eles colocaram suas vidas para assegurar e defender o seu povo, a sua nação. E isso nos leva aos heróis e líderes militares de nosso tempo. Embora seremos breve com isso.

Capítulo 5

Siga-me! Nós viemos por vocês!

"Abaixem-se! Abaixem-se!", mais tarde: "Sigam-me! Sigam-me! Nós viemos por vocês!" eram os gritos dos comandantes israelenses liderados por Lt. Col. Yonatan Netanyahu em hebraico conforme eles explodiam o velho terminal do aeroporto de Entebbe à meia-noite do dia 04 de julho de 1976 para resgatar 106 israelenses que eram reféns de um avião que havia sido sequestrado por terroristas. O avião da Air France 139 de TelAviv para Nova York, que fora sequestrado depois de uma parada em Atenas para ser redirecionado para Entebbe, Uganda. A operação foi um grande sucesso. Todos os reféns que estavam no prédio foram resgatados, exceto três que foram mortos, e um que permaneceu em Uganda; a senhora Dora Bloch que já estava doente durante o voo e teve que permanecer no hospital. Mais tarde foi descoberto que ela foi assassinada por ordens de Idi Amin, o ditador-presidente de Uganda.

Depois do ataque, os comandantes israelenses retornaram para a aeronave e começaram a carregar os reféns. Os soldados de ugandenses começaram a atirar durante o processo. Durante esta breve, mas intensa troca te tiro, os soldados ugandenses atiraram da torre de comando do aeroporto. Pelo menos cinco comandantes se feriram e, infelizmente, o valente comandante da unidade israelense YonatanNetahyahu fora morto. Os comandantes rebateram os tiros, matando todos os soldados ugandenses que sobraram na torre. Assim que terminaram de evacuar os reféns, carregaram o corpo de Netanyahu em um dos aviões e deixaram o aeroporto. A operação inteira durou 53 minutos – enquanto o ataque durou cerca de trinta minutos. Todos os sete terroristas, e cerca de quarenta e cinco soldados ugandeses foram eliminados. Soviete onze MiG-17 e MiG-21 aviões de guerra da Força Aérea de Uganda foram destruídos na pista do aeroporto de Entebbe. Penso que foi feito para evitar um contra-ataque da Força Aérea de Uganda. Embora, os israelenses estivessem bem preparados para um plano de guerra pelo ar.

O herói Coronel Netanyahu foi mais tarde enterrado no Cemitério Militar de Jerusalém no monte Herlz em 6 de julho seguindo um funeral militar, o que uma multidão atendeu e os mais alto oficiais. Shimon Peres, o então ministro de defesa, disse que durante ao tributo funerário que **"uma bala tinha rasgado o jovem coração de um dos melhores filhos de Israel, um dos mais corajosos guerreiros, um dos comandantes mais promissores – o magnífico Yonatan Netanyahu"**. Sim, essas palavras condiziam com "Yoni", como o chamavam. Este bravo jovem judeu se tornou ao molde de Davi, Sansão e Josafá. Estou feliz em dedicar este trabalho a Yonatan.

Nunca soube que eu me tornaria um adulto e apreciaria o grande sacrifício deste grande judeu e sua equipe enquanto assistia um dos filmes dessa missão de resgate intitulado *90 minutes atEntebbe* como um garotinho nos finais dos anos 70.

Agora, demos uma olhada melhor neste plano de fundo deste grande guerreiro judeu. Sua vida estava cheia por um amor genuíno e um patriotismo por seu país – Israel. Ele estava disposto a dar o seu melhor, até mesmo sua vida. Yonatan era o filho mais velho do professor israelense Benzion Netanyahu. Ele nasceu na cidade de Nova York, dia 13 de março de 1946 e passou boa parte de sua juventude no Estados Unidos, onde ele fez o ensino médio. Depois de se formar do ensino médio, Netanyahu se juntou à Força de Defesa Israelense em 1964. Ele se voluntariou para servir na brigada de paraquedistas, e se supero em Oficial de Defesa. Ele eventualmente dava comando aos paraquedistas da compania.

Depois de servir na Força de Defesa Israelense, durante a guerra de seis dias em 1967, ele brevemente atendeu a Harvard University antes de se transferir para a Universidade Hebraica de Jerusalém em 1968; sendo que logo ele abandonou seus estudos para retornar para a Força de Defesa Israelense. Ele se juntou a SayeretMatkal, no começo da década de 70 e foi premiado com a medalha de Honra ao Mérito por sua conduta na guerra de YomKippur de 1973. Elaboraremos mais de algumas de suas ações desse conflito.

Voltando novamente para 1967, ele considerou a faculdade, mas a constante ameaça de guerra o fez ficar em Israel: **"Este é meu país e minha terra. É aqui que eu pertenço"**, ele escreveu. Em 5 de junho de 1967, durante a Guerra dos Seis Dias, o seu batalhão lutou a batalha de Um Katef no Sinais, reforçando assim a batalha das Colinas de Golan. Durante a batalha de Colinas de Golan, ele se feriu enquanto ajudava a resgatar os outros soldados que se abaixavam ante a linha do inimigo. O condecoraram pelo valor depois da guerra.

Em 1970, ele liderava uma unidade de reconhecimento antiterrorista, SayeretMatkl (Força de Defesa de Israel), no verão de 1972 foi apontado como o subcomandante da unidade. Nesse ano ele comandou uma operação (Operação Caixa 3) na qual os superiores oficiais sírios foram capturados como uma forma de barganha para mais tarde serem usados como troca para recuperar os pilotos israelenses. No ano seguinte ele trabalhou na Operação Fonte da Juventude, na qual terrorista alegados e a liderança de "Setembro Negro" foram selecionados por SayeretMatkal, Shayetet-13 e Mossad.

Durante a Guerra de YomKippur em 1973, Netanyahu comandou a Força SayeretMatkal nas Colinas de Golan que matou mais de quarenta comandantes sírios em uma batalha que comprometeu o ataque aos comandantes sírios no coração de Golan. Durante a mesma guerra, ele também resgatou o Tenente-Coronel Yossi Ben Hanan de TelShams, enquanto Ben Hanan estava deitado e ferido na linha siríaca. Um guerreiro nato!

Depois da guerra, Netanyahu fora premiado com a Medalha de Serviço Distintos, a terceira condecoração mais alta do exército Israelense, por seu resgate de Ben Hanan. Netanyahu, então, se voluntariou para comandante do exército, graças as pesadas casualidades infligidas ao Comando Militar de Israel durante a guerra, com um desses número desproporcional na base oficial. Netanyahu se sobressaiu no curso de Oficiais de Tanque, e foi-lhe dado o comando da Brigada Armada de Barak, a qual sofreu abalos durante a guerra. Netanyahu tornou sua brigada na unidade militar que liderou as Colinas de Golan. Depois de se ferir, ele voltou para o Estados Unidos para estudar na Harvard. Mas depois de um ano ele sentiu que precisava retornar para Israel para se juntar novamente ao exército. "Nestas horas", escreveu ele em uma carta, "**eu deveria estar defendendo meu país. Harvard é um luxo que não posso me dar**". Embora tenha retornado para Harvard em 1973, mas novamente desistindo de sua vida acadêmica pela vida militar israelense. Que grande sacrifício! Você entendeu esses sacrifícios? Espero que não tenha errado em comparar este homem a heróis como Davi e Sansão. Yonatan era realmente grande!

O irmão mais novo de Netanyahu, Benjamin Netanyahu, é o Primeiro Ministro de Israel desde 2009, e também serviu como oficial entre 1996 e 1999. Ambos Benjamin e seu terceiro irmão, Iddo Netanyahu, serviram em SayeretMatkal, na temida unidade de Operações Especiais. Agora, para melhor apreciar o sacrifício de Yonatan, você necessita ler sua carta para seus pais. Nesta carta ele totalmente serve sua mente, nesta árdua, mas escolhida missão de se doar por seu país. Ele era um homem de sacrifício!

Carta para seus pais: 6 de março de 1969:

"Na próxima semana farei 23 anos. Em mim, em nós, nos jovens homens de Israel está o dever de manter este país a salvo. Esta é uma grande responsabilidade, que nos faz amadurecer mais cedo... Não me arrependo do que fiz e o que estou prestes a fazer. Estou convicto de que o que estou a fazer é certo. Confio em mim mesmo, em meu país e em meu futuro"

Carta para seu irmão, Benjamin: 2 de dezembro de 1973:

"Estamos a nos preparar para a guerra e é difícil prever o que acontecerá. O que estou positivo é haverá uma outra rodada, e outras após essa. Mas prefiro fazer parte das operações por viver aqui em contínua batalha do que fazer parte dos judeus peregrinos. Qualquer compromisso acelerará simplesmente o fim. Conforme não pretendo contar aos meus netos sobre o Estado de Israel no século vinte como um breve e mero episódio transitório em milhares de anos de peregrinação. Pretendo me agarrar a este lugar com todas as minhas forças."

Você leu essas palavras? Yonatan Netanyahu com suas ações reservou um lugar invejável para si no coração dos judeus e na nação de Israel para sempre. Ele será celebrado por futuras gerações. Depois de sua morte a "Operação Entebbe" fora renomeada "Operação Yonatan" em sua homenagem. O Jonathan Instituto, filmes, dramas, livros e monumentos foram feitos em sua homenagem.

Um dos maiores sacrifícios que você irá achar está em nossos soldados. Nossos soldados colocam constantemente suas vidas em perigo para nos proteger e proteger a nossa nação, nós devemos a eles gratidão. Aqueles em uniformes não são respeitados somente por seus uniformes, postos ou armas, mas porque eles decidiram dedicar a suas vidas para servir os outros. E a Bíblia diz que não há amor maior, presente e sacrifício do que um homem dar a sua vida pelos outros. E isso é verdade. Diga-me um sacrifício igual ou maior que dar a sua vida por outros. Jesus recebeu o maior nome e posto porque Ele entregou a sua vida para salvar a humanidade. Nossos homens e mulheres do exército merecem nosso respeito, nossa gratidão e encorajamento sempre. Eles tomam riscos todos os dias para nos proteger e fazer de nossa nação, uma nação segura.

Minha mente corre rapidamente para o soldado em férias em um dos países da Europa, ele estava em um trem quando um terrorista, armado com um rifle e outras armas, começou a atacar repentinamente os passageiros do trem. **O homem da Força área chamado Spencer Stone correu até o homem armado, quando ele abriu fogo no trem de serviço de alta velocidade para Paris com mais de quinhentos passageiros a bordo.** Ele correu bravamente até o inimigo sem qualquer arma e o desarmou. Dentro de minutos o terrorista estava completamente desarmado e dominado. O Estado Unidos e o mundo inteiro celebram a este soldado. Acredito que ele recebeu uma medalha do presidente, mas sua braveza foi de grande risco e sacrifício; pois, ao invés de assistir centenas de passageiros mortos, ele decidiu se colocar sua própria vida em risco. Ele poderia ser atingindo ou mesmo morto. Graças a Deus que ele teve somente alguns machucados.

Este é o tipo de sacrifício que nossos militares passam todos os dias. Todos os soldados, sejam eles homens ou mulheres, merecem nossas orações e respeito, mas vamos mencionar por um ou dois instantes onde nossos Operadores da Força Espacial exibiram grande sacrifícios no decorrer de seu dever. E espero que você saiba que há diversas operações como desse tipo que não são reportadas.

Stephen Bass

Stephen Bass foi um comandante da marinha do Estados Unidos. Seles da Marinha são parte do comando Especial de Guerra Marina. Eles e a Força Delta realizam algumas das mais difíceis, mais perigosas, confidenciais missões e operações especiais dos militares do Estados Unidos. Eles são bem-treinados, bem-equipados, discretos e poderosos. Assim, Stephen era um membro do grupo, porém, foi atacado no Serviço de Barco Especial Britânico no Afeganistão. Ele se distinguiu tanto pelo tipo de sacrifício que ele mostrou na batalha que o presidente do Estados Unidos o premiou com a Cruz Naval. É melhor lermos a situação corretamente:

"Por serviço estabelecido na seguinte situação por heroísmo extraordinário enquanto servia ao Serviço de Barco Especial Britânico durante as operações de combate no Norte do Afeganistão em 25 e 26 de novembro de 2001. O Oficial Chefe Stephen Bass instalado na área como um membro da conjunta da Equipe da Força Especial de Resgate estadunidense e britânica para localizar e recuperar dois cidadãos americanos, um que possível estaria com em confissões críticas ou mesmo morto, depois dos prisioneiros da linha-dura da al-Quaeda e Taliban na fortaleza de Qala-i-jangi em Mazar-i-Sharif, eles ganharam acesso em grandes proporções de armas e munições que estavam na fortaleza. Uma vez dentro, o Oficial Chefe Bass fora continuamente envolvido por diretas armas de disparos rápidos, indiretos tiros mortais, e um lança foguetes. Sendo forçado a caminhar ante um ativo e anti-pessoal campo minado a fim de conseguir entrar na fortaleza. Depois de estabelecer uma possível localização para ambos os cidadãos estadunidenses, <u>sob fogo pesado e sem permissão, para sua própria segurança, ele fez duas tentativas de resgatar os cidadãos não machucados enquanto rastejava até o interior da fortaleza para pegá-los.</u> Forçado a se retirar devido a grande volume de tiros vindo em sua direção, ele permaneceu firme. Depois de reportar seus esforços para o resto da equipe, eles saíram e tentaram localizar os cidadãos sumidos fora da fortaleza. Conforme a noite começou a vir não haveria nenhuma tentativa para localizar o outro cidadão estadunidense machucado. O Oficial Chefe Bass então tomou o

problema em suas mãos. <u>Sem se preocupar com sua própria segurança, ele se moveu para frente alguns trezentos ou quatrocentos metros no coração da fortaleza por si mesmo</u>, sob constante fogo inimigo em uma tentativa de localizar o cidadão ferido; consumindo munição, ele utilizou armas dos afegãos mortos para prosseguir na sua tentativa de resgate. Verificando a condição e localização do cidadão estadunidense ele entrou na fortaleza. Por sua notável demonstração de liderança defensiva; <u>coragem sem limite na face dos disparos inimigos e máxima devoção ao dever</u>, o Oficial Chefe Bass refletiu grande crédito sobre si mesmo e mantida a mais alta tradição do serviço naval do Estados Unidos."

Um grande herói de sacrifício! Este homem se recusou a ir para casa sem resgatar seu compatriota. Leia novamente. Ele estava disposto a sacrificar a sua vida pela vida de outros. E é isso que é um sacrifício. Foi-lhe dado uma honra nacional, a nação inteira lhe celebraria. Seu sacrifício sempre lhe dará um lugar de destaque e honra, mesmo se feito em segredo. Deus está a lhe observar e os homens também. Mesmo que os homens esqueçam, Deus não o esquecerá. A história se lembrará de você. E o mais importante: a eternidade será boa contigo.

Conforme escrevo, lembro do caso do operador do Naval Sele que uma vez vi sua foto enquanto servia. Ele fazia parte de uma equipe que estava protegendo um dos líderes árabes. O homem tinha um ferimento que sangrava em sua cabeça. Ele removeu sua camisa e a amarrou em sua cabeça, mas ainda estava a proteger o líder, segurando sua arma e preparado para retirar seu punhal que estava atado a seu cinto. Independente do risco, sua missão deve ser cumprida. Devemos fazer de tudo para cumprir nossa missão. Saúdo nossos homens e mulheres em serviço! Penso que devemos adentrar o pensamento desses grandes homens de sacrifício, para que assim possamos melhor entender o jeito que eles pensam e o que acreditam.

O CREDO DA SELE DA MARINHA DOS ESTADOS UNIDOS

Em tempos de guerra ou de incertezas há um tipo especial de guerreiros prontos a responder a chamada da nação. Um homem comum com um desejo não comum de suceder. Forjado pela adversidade, ele permanece ante as forças de operações especiais para servir seu país, o povo estadunidense e a proteger seu estilo de vida. Eu sou aquele homem.

Meu tridente é um símbolo de honra e herança. Conferido a mim pelos heróis que vieram antes, ele incorpora a confiança daqueles que prometi proteger. Por usar o tridente, aceito a responsabilidade da minha profissão escolhida e modo de vida. É um privilégio que devo ganhar todos os dias.

Minha lealdade ao País e Equipe está acima da censura. Humildemente os sirvo como um guardião aos meus compatriotas estadunidenses que sempre estão dispostos a defender aqueles que não podem defender a si mesmos. Não anuncio a natureza de meu trabalho, nem mesmo busco reconhecimento por minhas ações. Eu voluntariamente aceito os decorrentes riscos de minha profissão, colocando o bem-estar e segurança de outros antes do meu.

Eu sirvo com honra tanto no campo de batalha como fora. A habilidade de controlar minhas emoções e minhas ações, independente das circunstâncias, me separa dos outros homens. A inflexível integridade é meu padrão. Meu caráter e honra são inabaláveis. Minha palavra é minha obrigação.

Esperamos guiar e sermos guiados. Na ausência da ordem, tomamos a frente, lidero meus companheiros de equipe e terminarmos a missão. Sou o exemplo em todas as situações.

Nunca desisto. Persevero e venço a adversidade. Minha nação espera que eu seja fisicamente mais duro e mentalmente mais forte do que meus inimigos. Se derrubado, levarei, todas às vezes. Ficarei de pé com todas as forças que me restarem para proteger minha equipe e terminar nossa missão. Nunca estou fora da briga.

Nós demandamos disciplina. Nós esperamos inovações. As vidas de nossos colegas da equipe e sucesso da missão depende de mim – minhas habilidades técnicas, proficiência técnica, e atenção ao detalhe. Meu treinamento nunca está completo.

Nós treinamos para a guerra e lutamos para vencer. Permaneço firme para fazer o amplo espectro do poder do combate para dar ordem para completar a missão e os objetivos estabelecidos pelo um país. A execução de meus deveres será rápido e violento quando requerido ainda guiado pelos mesmos princípios que sirvo em defender.

Bravos homens morreram lutando e morrendo enquanto construíam a tradição orgulhosa e reputação temida que estou sujeito a manter. Na pior das condições, os legados de meus companheiros de equipe firmam e silenciosamente guiam todas as minhas ações. Não falharei.

Essa é a crença do sacrifício. Um voto de dar o seu tudo, arriscar para proteger os outros, nossa país e civilização. Esses homens vão além do que vemos, eles sabem nos proteger. Eles vão até mesmo onde os espíritos têm medo de ir. Como alguém certamente disse, seus barcos vão até mesmo as águas que os crocodilos têm medo de ir. Vi vídeos de algum deles enquanto saltavam de paraquedas a centenas de metros de aviões, enquanto carregavam os cachorros e armas de guerra. E ainda, outros saltando de aviões no mar e lagos, também carregando armas pesadas. Esses são verdadeiros homens e mulheres de sacrifícios!

Capítulo 6

Te preservarei

Outra função do sacrifício é ter o poder de preservar. Ele tem o poder de nos manter a salvo. Tem o poder de tornar as coisas a seu favor. Quando você é um homem de sacrifício, será difícil, senão impossível de algo lhe derrotar totalmente. Você sempre se alegrará depois de cada tentativa. Uma força que você não será capaz de explicar sempre virá para lhe dar forças, até que você veja o agir de Deus em sua vida. Isto sempre acontece comigo. Não importa o quão profunda ou terrível seja a situação; às vezes quando você pensa que tudo seria o fim, vejo de repente a ajuda miraculosa que me tira da situação. Sempre reconheço essa mão quando ela vem. Se você sempre ajuda aos outros, a ajuda sempre virá a você.

Nada pode me deter, pois vivo uma vida de sacrifício. Um homem me perguntou outro dia a razão da minha vida ser como um rio que não pode ser detido; quando paro aqui, mudo para outro caminho. Eu lhe respondi que era Deus. Meu segredo é que sempre me identifico com os outros. Me compadeço deles e sempre farei o meu melhor para ajudar em qualquer que seja a situação. Aqueles que mostram misericórdia, as compaixões sempre receberão. O sacrifício preserva! Protege! Faz Deus ter ciúmes de você. Traz a mão e a benção de Deus. Deus pode criar ou recriar coisas e situações só para lhe preservar, se você é um homem de sacrifício.

Deixe chover

Quando Deus quis restaurar a chuva em Israel, Ele não o fez até que o sacrifício no monte Carmelo fosse feito. Lembre-se que embora mais de três anos tenham se passado, nenhuma gota desceu do céu. E você sabe o que isso significava naqueles dias, já que não havia outra fonte de água. Hoje, temos outras fontes de água, poços e caminhões pipas que andam vários quilômetros do mar até as cidades. Mas naqueles dias, correntes de água, rios e riachos secariam depois de um grande período de seca. Sendo terrível, principalmente, com países que são cercados pelo deserto. Agora imagine o que o povo de Israel estava passando.

Sacrifícios podem quebrar o jugo da seca. Não importa se físico, espiritual ou financeiro o deserto, quando você vive uma vida de sacrifício, há uma graça misteriosa e repentina que vem para quebrar o jugo. Sacrifícios quebram o jugo da estiagem. Depois de fazer o sacrifício no Monte Carmelo, o fogo de Deus desceu e os falsos profetas foram removidos quando Elias começou a ouvir o som de uma tempestade. E então veio a chuva!

"Então disse Elias a Acabe: Sobe, come e bebe, porque há ruído de uma abundante chuva.'

'E sucedeu que, entretanto, os céus se enegreceram com nuvens e vento, e veio uma grande chuva; e Acabe subiu ao carro, e foi para Jizreel"** (1 Reis 18:451 Reis 18:41).

Quando você faz o sacrifício correto, a chuva (benção) virá. Sim, Deus enviou a Elias para anunciar a vinda da chuva, mas Ele também o guiou para fazer o sacrifício e limpar antes que a chuva viesse. Há coisas que você deve fazer para trazer maravilhosas promessas, mas você deve prosseguir com elas. Você deve deixa-las por suas ações e sacrifícios. Sacrifícios que estimularão as bênçãos e promessas de Deus em sua vida. Alguns somente falarão sobre as promessas divinas sem o sacrifício correspondente, mas não funciona desse jeito. Milhões vão para a sepultura com tamanhas promessas que nunca serão vistas. Promessas vão com sacrifícios. Deus me guiou em escrever, mas tenho que pagar o preço lendo, pesquisando, ouvindo e passando horas embarcando em livros. Algumas vezes cerca sete horas um dia por mês. Sim, Ele prometeu usar meu ministério para abençoar o mundo, mas devo agir, trabalhar e me atualizar na promessa fazendo o que é preciso. Discutiremos mais disso quando formos falar sobre oração.

Faça seus deveres

Elizeu fez seu dever antes de receber a porção dobrada da benção de seu mestre. Elias disse a ele que ficasse em Gilgal, mas Elizeu se recusou. Ele disse a Elizeu para ficar em Jericó, mas Elizeu se recusou. Ele foi com Elias até o Jordão, atravessou o rio e permaneceu focado até que ele recebeu o que queria. Foi o suficiente. Você tem seus deveres para fazer antes de receber as grandezas. Você pode ser hoje seu próprio Gilgal, Betel, Jericó ou Jordão. Você pode ser visto como zombaria ou "traidor" do grupo em Betel ou Jericó, mas não importa, prossiga. Cumpra seus deveres para receber a grandeza, Elias fez seus deveres e conseguiu o que queria. Sacrifícios são poderosos.

Amargura em doçura

Sacrifícios tornarão a amargura em doçura. Se há amargura em sua vida, então é tempo de viver uma vida de sacrifícios, pois ele tem o poder de mudar as coisas. Depois que Elizeu recebeu o manto de Elias, um dos primeiros milagres que ele fez foi em Jericó. A água de Jericó estava amarga, causando morte e infertilidade nos habitantes e um sacrifício mudou a situação. Veja:

"**E os homens da cidade disseram a Eliseu: Eis que é boa a situação desta cidade, como, o meu senhor, vê; porém as águas são más, e a terra é estéril. E ele disse: Trazei-me um prato novo, e ponde nele sal. E lho trouxeram. Então saiu ele ao manancial das águas, e deitou sal nele; e disse: Assim diz o Senhor: Sararei a estas águas; e não haverá mais nelas morte nem esterilidade. Ficaram, pois, sãs aquelas águas, até ao dia de hoje, conforme a palavra que Eliseu tinha falado.**" (2 Reis 2:19-22)

Este sacrifício em particular (um ato profético) imediatamente quebrou a maldição e a água limpa foi. A morte e infertilidade se foram. Nenhuma maldição permanece na vida de um homem de sacrifício. Esta não foi a primeira maldição em Jericó. Você se lembra quando Josué a amaldiçoou. Ele disse que qualquer que reconstruísse a cidade pagaria o preço com a cabeça de seus filhos e aconteceu conforme ele disse. Na verdade, ele enterrou o seu último filho que conduziu o projeto, mas desta vez, a respeito da água amaldiçoada, a sacrifício certo foi pago e a cidade foi liberta da maldição.

Alguns de nós somos tão bonitos, estrategicamente localizados e conectados como a cidade de Jericó, mas nada de bom acontece em nossas vidas. É somente morte, não produtividade, maldições, fracassos, lamentos, sofrimentos, rejeições, desapontamentos etc. Agora, é tempo de viver em sacrifício e você verá maldições que se quebrarão em sua vida. Todas as maldições respondem por sacrifício. E oro que todas as maldições de sua vida se quebrem hoje em nome de Jesus Cristo! Por favor, veja meu livro *'BreakingGenerational Curses: ClaimingYourFreedom'*. É uma obra prima em questões de maldições e suas soluções.

Venha e coma

As pessoas mudam suas vidas e destino ao atender as necessidades dos outros. Abraão fez isso e agora uma mulher está tomando um sinal por ele. Você se lembra da mulher Sulamita? A mulher que convidou Elias para comer em sua casa. Depois do primeiro convite, o homem de Deus sempre parou lá para comer e descansar. Assim, a mulher e seu esposo decidir fazer um quarto para o profeta. Um dos dias que o profeta estava visitando-os os seus servos, Elias através de seu servo Geazi, perguntou a mulher o que eles poderiam fazer por ela. Deus sempre procura o que fazer para um homem ou mulher de sacrifício. Você já notou isso? Quando você está dando o seu melhor para Deus e a humanidade, o céu também se ocupa de um jeito para lhe surpreender.

Essa mulher recusou a oferta, insistindo que tinha tudo que precisava, mas Elias não descansou até que a abençoasse. Ouça:

"Então disse ele: Que se há de fazer por ela? E Geazi disse: Ora ela não tem filho, e seu marido é velho. Por isso disse ele: Chama-a. E, chamando-a ele, ela se pôs à porta. E ele disse: A este tempo determinado, segundo o tempo da vida, abraçarás um filho. E disse ela: Não, meu senhor, homem de Deus, não mintas à tua serva" (2 Reis 4:14-16).

A mulher nunca barganhou por isso. Este é o poder do sacrifício. Ele tem o poder de lançar surpresas divinas. Quando ela convidou um estranho para vir e comer, ela não esperava por isso. Quando ela preparou um lugar para o profeta e o tratava bem, não esperava por isso. Ela não fazia ideia que ela estava abrindo um caminho para Deus lhe abençoar. Sacrifícios são verdadeiramente poderosos! Foi um sacrifício convidar um homem de Deus e seu servo em sua casa e alimentá-los. Foi um grande sacrifício para ela fazer um quarto, bem ornamento para Elias. E, se formos olhar, a mulher não esperava qualquer forma de retorno ou apreciação. Na verdade, a generosidade fazia parte da vida dela. E graças a Des pela bondade do marido que ela tinha. Ele imediatamente concordou com ela em fazer um quarto para Elias. Alguns maridos não concordariam. E também algumas esposas não concordariam. Alguns esposos desconfiariam de algo. Ou mesmo se sentiriam desconfortáveis em dar lugar e cuidar de um estranho em nome de Deus ou algo do tipo, mas esse homem concordou imediatamente.

Esses sacrifícios não saíram sem recompensa da parte de Deus. No próximo ano eles teriam um filho. Um menino. E ocorreu conforme o servo de Deus disse. Bendito seja Deus! Ele foi além das expectativas. Eles ganharam um novo futuro. Há coisas que você nunca imaginou que aconteceriam em sua vida, vejo Deus lhe surpreendendo hoje com eles no nome do poderoso Jesus! Alimente os outros, incluindo estranhos. Vista-os. Dê um lugar para eles, faça o melhor para lhes oferecer conforto e Deus lhe surpreenderá.

Dê uma garantia

Não penso em melhor exemplo de sacrifício e poder do que a história de Raabe, de Jericó. Você se lembra quando Josué enviou dois homens para espiar a terra de Jericó e as terras circunvizinhas? Esta grande mulher arriscou sua vida, contra seu instinto natural, contra as normas, para dar seguranças aos espias. Você já se perguntou o que poderia acontecer a ela e sua família se o rei ou seus seguranças descobrissem que ela estava escondendo israelitas em seu telhado? Seria desastroso.

Escondendo espias que poderiam acabar com a sua nação? Nenhum governante, nenhum governo toleraria isso. É uma ofensa de traição em qualquer lugar, em qualquer tempo. E a maioria dos governos te sentenciariam a morte.

Raabe sabia de todas essas implicações de sua ação, mas decidiu seguir a liderança de Deus. Ela sabia conforme ela confessou a vitória de Israel a Deus, sobre Jericó. Ela queria ficar aonde Deus estava. E suas ações garantiram a ela mais salvação com sua família. Deus disse que Ele lhe salvaria e sua parentela. Sacrifícios asseguram suas bênçãos e sua preservação. Enquanto os outros estiverem morrendo, você será preservado. Quando os outros forem destruídos, você será a exceção. É isso que exatamente ocorreu a essa prostituta que pôs sua vida na linha para salvar o povo de Deus.

"Agora, pois, jurai-me, vos peço, pelo Senhor, que, como usei de misericórdia convosco, vós também usareis de misericórdia para com a casa de meu pai, e dai-me um sinal seguro, de que conservareis com a vida a meu pai e a minha mãe, como também a meus irmãos e a minhas irmãs, com tudo o que têm e de que livrareis as nossas vidas da morte. Então aqueles homens responderam-lhe: A nossa vida responderá pela vossa até à morte, se não denunciardes este nosso negócio, e será, pois, que, dando-nos o Senhor esta terra, usaremos contigo de misericórdia e de fidelidade. Ela então os fez descer por uma corda pela janela, porquanto a sua casa estava sobre o muro da cidade, e ela morava sobre o muro. E disse-lhes: Ide-vos ao monte, para que, porventura, não vos encontrem os perseguidores, e escondei-vos lá três dias, até que voltem os perseguidores, e depois ide pelo vosso caminho. E, disseram-lhe aqueles homens: Desobrigados seremos deste juramento que nos fizeste jurar. Eis que, quando nós entrarmos na terra, atarás este cordão de fio de escarlata à janela por onde nos fizeste descer; e recolherás em casa contigo a teu pai, e a tua mãe, e a teus irmãos e a toda a família de teu pai" (Josué 2:12-18).

Jericó seria totalmente destruída, mas Raabe e sua família seriam preservados devido ao sacrifício, o risco que ela tomou em preservar os espias. Sim, homens e mulheres de sacrifícios e suas famílias são sempre preservados por instrução divina. Pelas coisas que você faz, Deus sempre instruirá os seus anjos para o guiar, proteger e preservar você e sua família. Ele disse que prometeu proteger e lhe abençoar. Não somente Raabe e sua família foram preservados, ela mais tarde se tornou progenitora do Messias. Veja a genealogia de Cristo e você verá seu nome ali.

Aonde você for, eu irei

A mesma coisa com Rute, ela foi abençoada por seus sacrifícios. Mesmo quando Noemi, sua sogra a abençoou e mandou-a voltar para a casa após a morte de seu marido, Rute recusou. Mesmo quando Orfa, a esposa do irmão do marido de Rute, tentou persuadir Rute a ir, ela disse não. Ouça:

"Disse, porém, Rute: Não me instes para que te abandone, e deixe de seguir-te; porque aonde quer que tu fores irei eu, e onde quer que pousares, ali pousarei eu; o teu povo é o meu povo, o teu Deus é o meu Deus; Onde quer que morreres morrerei eu, e ali serei sepultada. Faça-me assim o Senhor, e outro tanto, se outra coisa que não seja a morte me separar de ti" (Rute 1:16,17)

Certamente esta é maior lealdade gravada na história humana. E por isso o Messias escolheu nascer desta grande mulher. Este é o tipo lhe dirá que você não conseguirá achar em Israel. Note a fé e sacrifício desta jovem mulher moabita. Os anjos e o céu inteiro se alegraram com as palavras dessa mulher. Posso sentir Deus balançando sua cabeça no céu reconhecendo este sacrifício e decretando que seu Filho amado, o Messias nasceria desta linhagem e desta mulher extraordinária chamada Rute. Lágrimas caem de meus olhos conforme escrevo. Elas são vivas e eletrizantes.

Seu marido está morto, ela ainda é jovem, não há cunhados para toma-la e ela insiste em ir e ela insiste em ir aonde ela não tinha ido e viver ou morrer com sua sogra? Nigerianos lhe dirão que "esta não tem parte dois", mesmo quando Noemi lamentava para as mulheres e o povo de Belém o quão amarga sua vida se tornou e em tudo que ela havia sofrido, Rute esteve do seu lado. Que Deus possa lhe dar uma "Rute" em nome de Jesus!

Agora Deus se preparou para uma benção maior para Rute. Seu sacrifício seria recompensado. Você sabe que esse tipo de sacrifício sempre atrairá grande e miraculosa resposta do céu. Veja a conexão e o favor de Deus que a deu antes que Boaz, um homem rico a encontrasse. Este homem já ouvira sobre a bondade e coragem de Rute através de Noemi. Os homens ouvirão sobre seus sacrifícios, eles lhe reconhecerão a sua perseverança e lhe favorecerão. Boaz disse a Rute:

"E respondeu Boaz, e disse-lhe: Bem se me contou quanto fizeste à tua sogra, depois da morte de teu marido; e deixaste a teu pai e a tua mãe, e a terra onde nasceste, e vieste para um povo que antes não conheceste. O Senhor retribua o teu feito; e te seja concedido pleno galardão da parte do Senhor Deus de Israel, sob cujas asas te vieste abrigar" (Rute 2:11,12).

Este homem rico, inteligente e de Deus chamado Boaz mais tarde se casou com Rute. Ela deu à luz a um filho chamado Obede, que se tornou o pai de Jessé e o avô de Davi. Este é o que sacrifícios podem fazer por você. Eles fazem um caminho para você.

Capítulo 7

Cozinhando a última refeição

O que diremos sobre a sabedoria de Zarefate? Elias perguntou a ela para dar a ele primeiro um pouco de sua última refeição, que compreendia o que ela guardou para si e seu filho, assim depois de comer ambos morreriam. Esta seria a última refeição. E o que vem e diz que você deve desistir? O que você pensa? Esta mulher obedeceu e o resultado foi outro. Certamente este foi um dos maiores sacrifícios da Bíblia. Ou me mostre outro maior. Era como dar a alguém a sua última esperança de sua vida.

"Então ele se levantou, e foi a Sarepta; e, chegando à porta da cidade, eis que estava ali uma mulher viúva apanhando lenha; e ele a chamou, e lhe disse: Traze-me, peço-te, num vaso um pouco de água que beba. E, indo ela a trazê-la, ele a chamou e lhe disse: Traze-me agora também um bocado de pão na tua mão. Porém ela disse: Vive o Senhor teu Deus, que nem um bolo tenho, senão somente um punhado de farinha numa panela, e um pouco de azeite numa botija; e vês aqui apanhei dois cavacos, e vou prepará-lo para mim e para o meu filho, para que o comamos, e morramos. E Elias lhe disse: Não temas; vai, faze conforme à tua palavra; porém faze dele primeiro para mim um bolo pequeno, e traze-mo aqui; depois farás para ti e para teu filho. Porque assim diz o Senhor Deus de Israel: A farinha da panela não se acabará, e o azeite da botija não faltará até ao dia em que o Senhor dê chuva sobre a terra." (1 Reis 17:10-14)

Amo servir ao Deus de Israel. Seus caminhos são verdadeiramente misteriosos. Esta pobre viúva, que estava prestes a morrer, já derrotada por toda a lógica humana, instinto natural e fatos ainda obedeceu a Deus através da palavra do profeta. E qual foi o resultado? Ela teve mais que o suficiente para comer com seu filho até que chovesse e as plantações voltassem a crescer! Este é o poder do sacrifício. Esse foi o maior sacrifício de sua vida. Sacrifícios garantem milagres abundantes, seu futuro e sua multiplicação. Você não pode ter o nível de sacrifício dessa mulher sem provocar uma liberação divina e abundante sobre si mesmo. Este tipo de sacrifício traz até mesmo os mortos a vida. Veja o que aconteceu quando o filho desta mulher morreu. Este sacrifício em particular também o trouxe de volta.

"E depois destas coisas sucedeu que adoeceu o filho desta mulher, dona da casa; e a sua doença se agravou muito, até que nele nenhum fôlego ficou. Então ela disse a Elias: Que tenho eu contigo, homem de Deus? Vieste tu a mim para trazeres à memória a minha iniquidade, e matares a meu filho? E ele disse: Dá-me o teu filho. E ele o tomou do seu regaço, e o levou para cima, ao quarto, onde

ele mesmo habitava, e o deitou em sua cama, e clamou ao Senhor, e disse: Ó Senhor meu Deus, também até a esta viúva, com quem me hospedo, afligiste, matando-lhe o filho? Então se estendeu sobre o menino três vezes, e clamou ao Senhor, e disse: Ó Senhor meu Deus, rogo-te que a alma deste menino torne a entrar nele. E o Senhor ouviu a voz de Elias; e a alma do menino tornou a entrar nele, e reviveu. E Elias tomou o menino, e o trouxe do quarto à casa, e o deu à sua mãe; e disse Elias: Vês aí, teu filho vive. Então a mulher disse a Elias: Nisto conheço agora que tu és homem de Deus, e que a palavra do Senhor na tua boca é verdade." (1 Reis 17:17-24)

Quando você dá de sua última refeição a Deus ou para a humanidade, a expectativa não é somente o milagre da multiplicação, mas a visita do poder da ressurreição. E não somente a ressurreição de mortos, mas a ressuscitação de coisas mortas em sua vida, em sua família e em seu meio. Oro hoje para que todos os sonhos mortos, visões, expectativas, conexões e contratos ao redor de você se levantem novamente, em nome de Jesus Cristo! Toda situação morta e em aspiração, relacionamento em sua vida se levantem, em nome de Jesus. Que a esperança perdida volte a vida! Receba em nome de Jesus!

Esta mulher tomou o mais alto risco, colocando a sua vida e a vida de seu filho na risca, mas ela não fazia ideia de que ela traria o que ela nunca poderia explicar em sua vida. Você sabe que há milagres que lhe deixaram espantados por muito tempo? Deus sempre quer superar nossa imaginação e expectativas neste tipo de situação. Há coisas que Deus está lhe contando. Elas parecem tão arriscadas, mas se você está certo que é Ele quem está falando, faça, e se prepare para o que vier. Agora, cozinhe a última refeição.

Alguns pães e alguns peixinhos

Admiro o sacrifício do jovem garoto que "ajudou" Jesus a fazer o milagre de alimentar milhares de pessoas em João, capítulo seis. Ele teve a chance de dar os itens ou recusar dá-los. Mas ele acabou dando-os sem qualquer argumentação e deu seus cinco pãezinhos e dois peixes que ele tinha. Acredito que o garoto soubesse o que fez. Afinal, nos foi relatado que a multidão seguiu Jesus ao monte devido aos muito milagres, sinais e maravilhas que Ele fazia. Depois do milagre, nos é relatado que doze sextas sobraram e quem as carregaria? Certamente o garoto. Sei que você gostará como esse evento terminou, mas deixe-me perguntar, se você fosse o garoto, você os entregaria? Sempre há um milagre da multiplicação que ocorre com o sacrifício, especialmente quando você dá a sua última refeição.

Quando Simão Pedro deixou o seu barco para seguir a Jesus foi igual. Sua rede quase quebrou. Isso ocorreu depois de uma pescaria sem frutos da noite anterior. Eles passaram a noite toda sem um pegar um peixe. Ele deu o melhor a Jesus que ele tinha ou diga-me o que mais um pescador local poderia ter sem ser seu barco e sua rede? Aqueles que dão, receberão, ainda mais do que imaginaram. Sacrifícios trazem redes que quase se partem. Quando você vive em sacrifícios, você estará a deixar suas frustações, tristezas, pobreza, morte, limitações etc. Zarefate entregou o a sua falta de esperança, pobreza e morte. A mulher sunamita deu sua esterilidade. O jovem garoto deu sua pobreza. E Simão Pedro deu suas frustrações, trabalho e privações. Agora, o que você dar em sua vida? O que é que você não gosta em sua vida? A doe dando para Deus e a humanidade o seu melhor.

Amo fazer isso. Você pode fazer disso um modo de vida, não somente um evento. Sim, faça disso algo diário. Pela graça de Deus, eu tentarei fazer isso. Me sinto muito desconfortável vendo necessitados a minha volta e não fazer nada para ajudar. Todos os dias penso em jeito de ajudar outros. Tenho andado na provisão e proteção de Deus. Sempre teremos algo para oferecer todos os dias. Talvez não seja algo grande, mas pequenas coisas fazem a diferença. Recentemente, alguém me ligou e fez uma doação. Assim que recebi o dinheiro, meu celular tocou era um amigo pastor que queria visitar sua filha na escola em outro estado. Ele não tinha dinheiro par fazer a viagem. Não precisei orar ou pensar a respeito, soube imediatamente que Deus queria que eu lhe desse o dinheiro. Rapidamente o chamei para vir e pega-lo. Devemos ser abertos e flexíveis com Deus. Devemos saber que somos canais que passam a benção de Deus para outros, especialmente àqueles em necessidade. É possível que Deus tenha feito essa doação em particular somente pelo pastor. Não era dinheiro meu. Somente passei adiante. Vejo esse tipo de situação com frequência. Por favor, permitamos que Deus nos use!

Outros

Há ainda outros que viveram uma vida de sacrifício e atraíram tantas bênçãos e aprovações de Deus e homens, mas o espaço e o tempo não nos permitiram colocar aqui. Mas deixe-me responder a mãe em Israel. Ela não deveria estar a frente da guerra com os soldados israelitas, sendo ela uma mulher, mas porque Baraque se recusou a ir sem ela, ela marchou contra o inimigo e com os soldados de Deus. E os israelitas tiveram vitória. Uma mulher? Sim! Amo o louvor que eles cantaram:

"Cessaram as aldeias em Israel, cessaram; até que eu, Débora, me levantei, por mãe em Israel me levantei." (Juízes 5:7)

O que diremos sobre José? Mesmo quando ele sabia que seus irmãos o odiavam, ele ainda tomou o risco de ir a floresta lhe dar comida. E na casa de Potifar, ele se recusou a viver em pecado, ou mesmo satisfazer a mulher com desejos imorais, preferindo ser morto ou ir para a cadeira. Veja:

"E deixou tudo o que tinha na mão de José, de maneira que nada sabia do que estava com ele, a não ser do pão que comia. E José era formoso de porte, e de semblante. E aconteceu depois destas coisas que a mulher do seu senhor pôs os seus olhos em José, e disse: Deita-te comigo. Porém ele recusou, e disse à mulher do seu senhor: Eis que, o meu senhor, não sabe do que há em casa comigo, e entregou em minha mão tudo o que tem; Ninguém há maior do que eu nesta casa, e nenhuma coisa me vedou, senão a ti, porquanto tu és sua mulher; como, pois, faria eu tamanha maldade, e pecaria contra Deus?" (Gênesis 39:6-9)

Esta é a vida de um homem de sacrifício. Este homem se recusou a cair no pecado. Embora soubesse as consequências, ele permaneceu fiel até o fim. Ele foi injustamente punido, mas não se importou. Ele foi enviado para a prisão, mas o poder por traz do sacrifício, e o grande Deus de Israel manejou a situação, resgatando e "transplantando-o" para o palácio. Da prisão para o palácio! Este é o poder do sacrifício. Deus nunca ignorará o risco que você está a tomar em Seu nome, Ele não desaponta aqueles que nele acredita. José tomou o risco em seu nome, e Ele recompensou o sacrifício.

O grande Moisés era um homem de sacrifício. Quando Deus quis eliminar a Israel e estabelecer Moisés e seus descendentes, Moisés negou. Ele começou a pregar a Deus e preferiu que seu próprio nome fosse removido. Ele sofreu muito por Israel. E infelizmente, ele não entrou em Canaã devido as provocações. Moisés foi um homem de sacrifício e isto conquistou a Deus. Lembre-se Ele disse que todos os profetas, ele falou com ele por meio de sonhos e visões, mas com Moisés, Ele falou face a face.

Houve outros como Moisés e foram tão marcantes como ele. Que amaram seu povo e estavam dispostos a morrer por eles. Quando Deus estava punindo a Israel devido ao censo, Davi clamou a Ele para perdoar a Israel e puni-lo, pois, era ele quem merecia. Quando os irmãos de José se arrependeram do que fizeram a ele, ele os disse para não se preocupar, porque Deus havia o enviado para o Egito para preservar a vida deles. Quando Jesus estava na cruz, com toda a sua dor, escárnio, quase a ponto de desistir, Ele pediu a Deus para perdoar os seus assassinos porque eles não sabiam o que estavam fazendo. Eles não permitiram que o que lhe fizessem distorcessem a sua visão, missão e amor para o seu povo. Eles estavam focados. Veja além da situação. Moisés, Davi, José e Jesus eram de outra classe. E você pode ser como eles.

Capítulo 8

Poder para salvar

O maior sacrifício de todos os tempos é o feito por Jesus Cristo, para a redenção da humanidade. A Bíblia deixou claro que Jesus era Deus que veio a terra em forma humana para que Ele fosse a redenção perfeita. Isto é, Ele deixou a Sua glória, Sua majestade, Sua plenitude para se tornar um homem. Ele passou por toda a humilhação, abuso, negação, traição, dores, apanhou, lhe cortaram e vergonhosamente foi pendurado e torturado. Ele aguentou tudo isso. Até mesmo Pedro quis defende-lo com a espada, mas Ele mandou guardá-la, pois se Ele quisesse lutar, Ele poderia simplesmente pedir para que Deus enviasse milhares de anjos para defende-lo. E você sabe que um anjo matou cerca de 85.000 pessoas em um único dia na Bíblia. E sei que os inimigos de Jesus não poderiam ser cerca de oitenta e cinco mil. O que significa que milhares de anjos vindo para defender Jesus poderiam simplesmente acabar com a terra. Mas Ele se recusou a fazer isso, ao contrário, Ele escolheu ficar calmo e focado na missão.

Jesus era grande e, ainda sim, quis ser igual. Imagine a vinda divina vindo através dos desconhecidos Maria e José, quando os judeus esperavam que Ele nascesse em um palácio. Ele escolheu a manjedoura – com todo o barulho, mau cheiro, resíduos e movimentos de animais. Por essa razão muitos judeus se recusam a reconhece-lo até o dia de hoje. Como pode seu Messias prometido, o rei dos judeus vir através de tal e processo incomum, eles se perguntaram.

Ele cresceu como qualquer outra criança. E quando Ele começou o ministério, Ele se juntou aos mais pobres, os pecadores, os doentes e leprosos (impuros), as prostitutas, aos coletores de impostos, aos de fora etc. E o inferno estava a solta, porque o homem que dizia ser o Messias era totalmente o contrário daquilo que eles esperavam de seu salvador. "Certamente este não pode ser nosso Rei, Ele é um impostor", diziam a si mesmos. E começaram a planejar para assassina-lo.

Mesmo antes Judas, um dos apóstolos o trairia, Ele já sabia o que iria acontecer. Ele disse a eles, mas eles não fizeram nada em particular para dissuadi-lo ou interromper o plano. Por quê? Ele já tinha decidido dar a Sua vida e não mudaria de ideia. Agora, veja o que aconteceu com os soldados que vieram prendê-lo:

"Sabendo, pois, Jesus todas as coisas que sobre ele haviam de vir, adiantou-se e disse-lhes: A quem buscais? Responderam-lhe: A Jesus Nazareno. Disse-lhes

Jesus: Sou eu. E Judas, que o traía, estava com eles. Quando, pois, lhes disse: Sou eu, recuaram, e caíram por terra." (João 18:4-6)

Você viu o que aconteceu aqui? Se Jesus não estivesse disposto a se entregar por eles, seria totalmente impossível prendê-lo, sem mencionar mata-lo. Ele inconscientemente sabia de sua divindade "EU SOU", e imediatamente sua verdadeira natureza e o batalhão de soldados romanos e guardas do templo com todas as suas armas, tochas caíram ao chão. Eles caíram porque um mortal não pode prender um imortal. A criação não pode prender o criador. Mas Jesus rapidamente se lembrou de sua missão, deixar de lado sua divindade e se submeter aos homens. Ele fez tudo possível para eles levarem-no de acordo com o plano divino.

As pessoas não acreditaram que tão poderoso homem que dizia ser o Messias, e fez grande sinais e maravilhas, incluindo ressuscitar os mortos, pudesse ser tão facilmente preso e humilhado. Eles o abandonaram. A multidão o deixou e seus discípulos correram. O valente Pedro que seguia-o também o negou completamente. Grandes homens de sacrifício não fogem de sua missão mesmo quando se veem sozinho. Eles continuam até o fim. Até que terminem sua missão com sucesso.

"Então, deixando-o, todos fugiram. E um certo jovem o seguia, envolto em um lençol sobre o corpo nu. E lançaram-lhe a mão. Mas ele, largando o lençol, fugiu nu. Jesus perante o Sinédrio. Negação de Pedro e levaram Jesus ao sumo sacerdote, e ajuntaram-se todos os principais dos sacerdotes, e os anciãos e os escribas. E Pedro o seguiu de longe até dentro do pátio do sumo sacerdote, e estava assentado com os servidores, aquentando-se ao lume.'

E, estando Pedro embaixo, noátrio, chegou uma das criadas do sumo sacerdote; E, vendo a Pedro, que se estava aquentando, olhou para ele, e disse: Tu também estavas com Jesus, o Nazareno. Mas ele negou-o, dizendo: Não o conheço, nem sei o que dizes. E saiu fora ao alpendre, e o galo cantou." (Marcos 14:50-54; 66-68)

Mesmo quando todos vão embora, um homem de sacrifício continua, sozinho. Jesus viu isso, e mesmo assim, prosseguiu. Depois do julgamento, Ele também sofreu abusos, foi escarnecido e açoitado, falsamente acusado, humilhado e sentenciado a morte. Foi pregado, flagelado e colocado numa cruz. Tudo isto fora feito pelos mesmos que Ele veio salvar. Na verdade, no julgamento os judeus preferiram um criminoso a Ele. Na cruz, ele foi colocado entre dois ladrões condenados. Todos os abandonaram e somente mulheres vinham mais perto para lhe observar a distância conforme ele desfalecia! Mas esse não foi o fim de tudo. Veja o sacrifício:

"E desde a hora sexta houve trevas sobre toda a terra, até à hora nona. E perto da hora nona exclamou Jesus em alta voz, dizendo: Eli, Eli, lamásabactâni; isto é, Deus meu, Deus meu, por que me desamparaste?'

E Jesus, clamando outra vez com grande voz, rendeu o espírito.E eis que o véu do templo se rasgou em dois, de alto a baixo; e tremeu a terra, e fenderam-se as pedras; E abriram-se os sepulcros, e muitos corpos de santos que dormiam foram ressuscitados; E, saindo dos sepulcros, depois da ressurreição dele, entraram na cidade santa, e apareceram a muitos. E o centurião e os que com ele guardavam a Jesus, vendo o terremoto, e as coisas que haviam sucedido, tiveram grande temor, e disseram: Verdadeiramente este era o Filho de Deus."
(Mateus 27:45,46; 50-54)

O maior sacrifício jamais feito não iria passar despercebido. O céu e a terra tremeram e se estremeceram. Jesus pagou para sempre o preço do pecado. Ele estava completo, se entregou a si mesmo por vontade própria para ser morto para que pudéssemos viver. Ele foi enterrado, mas novamente algo aconteceu.

O terceiro dia

Depois de enterrado, foi difícil que os poderes mantivessem Jesus desse jeito. Há uma energia divina que rodeia um homem ou mulher de sacrifício que o faz difícil para que eles sejam amarrados por qualquer força ou mesmo serem esquecidos. Sempre experimentei isso, portanto, sei. Conforme Cristo na sepultura, havia confusão, a inquietude no Hades e no inferno. Na verdade, veja novamente o que aconteceu quando Ele deu seu último suspiro – sabemos que as sepulturas de Jerusalém se abriram, então, você pode imaginar o que aconteceu quando Ele desceu a sepultura. Há poder em sacrifícios. Conforme escrevo, minha mente se volta a José. Você se lembra como este mesmo poder se alocou nele e trouxe-o do abismo, perigoso e escuro. Dê uma olhada novamente em como este mesmo poder libertou Lázaro da prisão e trouxe Pedro, Paulo e Sias. Nada pode parar um homem de sacrifício, nem mesmo o poder da sepultura. Glorificado seja Deus!

Todo homem e mulher de sacrifício tem um "terceiro dia". Um dia de libertação, um dia de ressurreição, um momento de glória. Jesus foi enterrado, cercado e assistido por soldados bem treinados, mas ao terceiro dia, houve um tremendo terremoto que atirou os soldados e a pedra do túmulo. Nada poderia impedi-lo de sair. E conforme você lê esta mensagem do poder da ressurreição está vindo sobre você e nada poderá parar a libertação e manifestação do poderoso nome de Jesus! Veja:

"E, no fim do sábado, quando já despontava o primeiro dia da semana, Maria Madalena e a outra Maria foram ver o sepulcro.E eis que houvera um grande terremoto, porque um anjo do Senhor, descendo do céu, chegou, removendo a pedra da porta, e sentou-se sobre ela.E o seu aspecto era como um relâmpago, e as suas vestes brancas como neve.E os guardas, com medo dele, ficaram muito assombrados, e como mortos.Mas o anjo, respondendo, disse às mulheres: Não tenhais medo; pois eu sei que buscais a Jesus, que foi crucificado.Ele não está aqui, porque já ressuscitou, como havia dito. Vinde, vede o lugar onde o Senhor jazia." (Mateus 28:1-6)

Glorificado seja Deus! Esse é o poder do sacrifício! Toda pedra que esteja em seu caminho hoje deverá rolar pelas mãos do mesmo anjo, em nome de Jesus! Você aprecia ler a este livro? Escreva e conte-me. Compartilhe teu testemunho comigo: gabrielagbo@yahoo.com

Tel: +234-8037113283

Capítulo 9

Adoração, oração e jejum

Nós queremos discutir sobre adoração, oração e jejum como um instrumento de sacrifício. Não é somente quando você tem dinheiro para ofertas que você está a sacrificar, mas quando você ora, quando você jejua e adora a Deus, você está a oferecer sacrifícios espirituais. E eles podem ser tão poderoso para trazer grandes resultados. Começaremos com adoração.

Adoração

A maioria de homens e mulheres da Bíblia foram pessoas de adoração. Você não consegue ir muito adiante com Deus sem aprender o que é adorar; adoração é uma parte inseparável de nosso relacionamento com Ele. Nunca conheci um homem de adoração que fosse um fracasso. Não me refiro como um bom cantor ou um bom compositor, mas um homem ou mulher com um profundo e grato coração a Deus. Há uma grande diferença entre aprender músicas, ter uma boa voz e adorar a Deus do mais profundo do seu coração. Penso que é isto que o salmista quis dizer quando disse que nós **entoaríamos louvores a Deus de todo nosso entendimento**. Devemos conhecer a pessoa que estamos a adorar, devemos experimenta-lo e as músicas devem ser uma demonstração de nossa gratidão, uma reflexão de nosso relacionamento com Ele.

A qualquer hora que você desejar discutir sobre louvores, é sempre tentador começar com o mestre dos louvores – Davi. Não acho que existiu alguém que chegue perto de seu aspecto de adoração. Não é por nada que Deus se referiu a ele como **um homem segundo o coração de Deus**. Para um garotinho, ele tocava com excelência, manejava a palavra certo, desenvolvendo um coração grato. Ele sabia que Deus era tudo para ele. Ele passou por perigos e risco, a **sombra da morte** e viu de maneira clara a mão de Deus lhe protegendo, libertando e lhe dando poder. E ele continuou em sua graça, escalando a ladeira da vida; assim, Davi não precisou de ninguém para persuadi-lo a adorar a Deus. Veio naturalmente do profundo do seu coração. Para Davi, isto era uma regra, uma lei, um modo de vida. Ou o que mais faria um homem dizer tais palavras?

"Eu te louvarei, Senhor, com todo o meu coração; contarei todas as tuas maravilhas. Em ti me alegrarei e saltarei de prazer; cantarei louvores ao teu nome, ó Altíssimo.'

'Cantai louvores ao Senhor, que habita em Sião; anunciai entre os povos os seus feitos."(Salmos 9:1-2; 11)

"Exalta-te, Senhor, na tua força; então cantaremos e louvaremos o teu poder." (Salmos 21:13)

"O Senhor é a minha força e o meu escudo; nele confiou o meu coração, e fui socorrido; assim o meu coração salta de prazer, e com o meu canto o louvarei." (Salmos 28:7)

Agora veja o próximo. Ele também nos diz o quão profundo Davi é. Um grande homem de adoração. Leia isto:

"Regozijai-vos no SENHOR, vós justos, pois aos retos convém o louvor. Louvai ao Senhor com harpa, cantai a ele com o saltério e um instrumento de dez cordas. Cantai-lhe um cântico novo; tocai bem e com júbilo. Porque a palavra do Senhor é reta, e todas as suas obras são fiéis. Ele ama a justiça e o juízo; a terra está cheia da bondade do Senhor. Pela palavra do Senhor foram feitos os céus, e todo o exército deles pelo espírito da sua boca. Ele ajunta as águas do mar como num montão; põe os abismos em depósitos. Tema toda a terra ao Senhor; temam-no todos os moradores do mundo. Porque falou, e foi feito; mandou, e logo apareceu." (Salmos 33:1-9)

Profunda adoração! Profunda e diretamente do coração! Essas palavras podem somente vir de um homem que experimentou o conhecimento de Deus. Você pode ler no versículo quinze. Não podemos colocar toda a adoração em palavras deste grande homem aqui, mas por favor, leremos mais uma antes de prosseguir.

"Louvarei ao SENHOR em todo o tempo; o seu louvor estará continuamente na minha boca. A minha alma se gloriará no Senhor; os mansos o ouvirão e se alegrarão." (Salmos 34:1,2)

Davi entendeu e explorou o poder da adoração também que ele usou para capturar o coração de Deus. Na verdade, no livro Esdras em 3:10 nos fez saber que Davi não somente adorou, mas também fez da adoração um ato institucional. Agora, adoração não é um ato exclusivo de homens e mulheres da terra, que seres celestiais também fazem um sacrifício para o Todo-Poderoso. Acredito que os homens aprenderam este segredo de seres celestiais – os céus vieram antes da terra. Como Jesus disse: "assim como é feito na terra, é feito no céu".

Como é no céu

Uma das atividades que aconteceu no céu diariamente é o sacrifício de louvor, o que nos diz o quanto é importante para Deus. A Bíblia diz que dia e noite os seres, seres muito poderoso no céu se prostram e adoram a Deus. Acredito que isto é parte da glória, majestade e poder do trono. Senão houvesse precisão para isso, Deus não a encorajaria. Portanto, deve haver algum ensinamento que vem disto. João disse:

"E logo fui arrebatado em espírito, e eis que um trono estava posto no céu, e um assentado sobre o trono. E o que estava assentado era, na aparência, semelhante à pedra jaspe e sardônica; e o arco celeste estava ao redor do trono, e parecia semelhante à esmeralda. E ao redor do trono havia vinte e quatro tronos; e vi assentados sobre os tronos vinte e quatro anciãos vestidos de vestes brancas; e tinham sobre suas cabeças coroas de ouro. E do trono saíam relâmpagos, e trovões, e vozes; e diante do trono ardiam sete lâmpadas de fogo, as quais são os sete espíritos de Deus. E havia diante do trono um como mar de vidro, semelhante ao cristal. E no meio do trono, e ao redor do trono, quatro animais cheios de olhos, por diante e por detrás. E o primeiro animal era semelhante a um leão, e o segundo animal semelhante a um bezerro, e tinha o terceiro animal o rosto como de homem, e o quarto animal era semelhante a uma águia voando. E os quatro animais tinham, cada um de per si, seis asas, e ao redor, e por dentro, estavam cheios de olhos; e não descansam nem de dia nem de noite, dizendo: Santo, Santo, Santo, é o Senhor Deus, o Todo-Poderoso, que era, e que é, e que há de vir. E, quando os animais davam glória, e honra, e ações de graças ao que estava assentado sobre o trono, ao que vive para todo o sempre, os vinte e quatro anciãos prostravam-se diante do que estava assentado sobre o trono, e adoravam o que vive para todo o sempre; e lançavam as suas coroas diante do trono, dizendo: Digno és, Senhor, de receber glória, e honra, e poder; porque tu criaste todas as coisas, e por tua vontade são e foram criadas." (Apocalipse 4:2-11)

É isto que acontece no céu dia e noite – sacrifício de louvor. Portanto, quando adoramos a Deus aqui na terra estamos simplesmente a nos conectar àquele que está no céu. E por não parar de dia e noite, independente da hora que você faça, você estará imediatamente conectado. Todos os seres celestiais, incluindo os poderosos seres como o Seres Viventes, os querubins, os arcanjos, os vinte e quatro anciões que se prostram, louvando e exaltando o Rei dos reis dia e noite. Sacrifícios de louvor! Agora me diga por que grande poder não emanaria daquele trono? Louvor é sacrifício e sacrifício emite poder!

Há muitos lugares na escritura onde sacrifícios de louvor foram tragos para o puro poder divino, que providenciou libertação imediata para o povo de Deus. Mas devemos escolher somente dois ou três, ao menos que desejemos escrever outro livro. Quando você adora a Deus, quando você lhe entrega o sacrifício de louvor, o céu desce e coisas acontecem; o milagre e libertação acontecem.

Jonas

Veja o que aconteceu quando Jonas se recusou a ir aonde Deus lhe tinha ordenado e decidiu seguir seu próprio caminho. Os navegadores os atiraram ao mar para acalmar a tempestade. Um grande peixe imediatamente o engoliu, mas graças a Deus, ele se lembrou de seu Deus, se arrependendo no ventre da criatura marinha e orou. Mas note que a libertação veio logo após ele mencionar o sacrifício de louvor. Isto mostra o quão poderoso é a adoração.

"E orou Jonas ao SENHOR, seu Deus, das entranhas do peixe. E disse: Na minha angústia clamei ao Senhor, e ele me respondeu; do ventre do inferno gritei, e tu ouviste a minha voz. Porque tu me lançaste no profundo, no coração dos mares, e a corrente das águas me cercou; todas as tuas ondas e as tuas vagas têm passado por cima de mim.

E eu disse: Lançado estou de diante dos teus olhos; todavia tornarei a ver o teu santo templo.

As águas me cercaram até à alma, o abismo me rodeou, e as algas se enrolaram na minha cabeça.

Eu desci até aos fundamentos dos montes; a terra me encerrou para sempre com os seus ferrolhos; mas tu fizeste subir a minha vida da perdição, ó Senhor meu Deus.

Quando desfalecia em mim a minha alma, lembrei-me do Senhor; e entrou a ti a minha oração, no teu santo templo.

Os que observam as falsas vaidades deixam a sua misericórdia.

Mas eu te oferecerei sacrifício com a voz do agradecimento; o que votei pagarei.

Do Senhor vem a salvação.

Falou, pois, o Senhor ao peixe, e este vomitou a Jonas na terra seca." (Jonas 2:1-10)

O poder da adoração! Depois de orar, quando Jonas começou a oferecer sacrifícios de louvor, o Senhor imediatamente ordenou que o peixe o jogasse fora! Todo peixe que o devorou ou devorou tua bondade os cuspirá em nome de Jesus! Jonas disse que afundou, ele perdeu sua esperança, foi cercado pelas mandíbulas da morte, e quase foi enterrado pelas altas ondas. Qualquer um desses que representem as situações de sua vida o libertará, você será liberto em nome de Jesus!

Há poder no louvor. Há poder no sacrifício. Ou por que o peixe esperou até que ele mencionasse o sacrifício de adoração e votos antes de cuspi-lo? Há algo divino sobre adoração e voto. Você se lembra de Ana, que por muito anos sofreu com a vergonha e esterilidade que se quebrou quando ela fez um voto por intermédio de uma oração. Agora, veja Jonas, usando esses dois poderosos instrumentos de uma vez – adoração e voto. Comece hoje a oferecer a Deus um louvor sem limites, extravagante, de dia e de noite e você verá o que você se tornará. Louvor e adoração são "perigosos" sacrifícios que podem tirar um homem da morte.

Josafá

Você já sabe que não posso discutir adoração sem mencionar esse grande homem chamado Josafá. Ele é um dos meus heróis e mentores da Bíblia. Amo o tanto que aprendi bastante sobre ele. Ele foi um dos grandes reis de Israel. Ele era humilde, paciente, da parte de Deus, bravo e espiritual. Ele amava saber o que Deus pensava sobre todas as situações. Ele confiava bastante no Senhor. Ele também era um homem de adoração. Ele sabia sobre os potenciais da adoração de disponibilizar um maquinário do céu. Veja quando as três nações vieram lutar com Judá, o Rei Josafá começou sua oração com Deus com adoração e ele foi para a batalha adorando e voltou com a vitória. Deus mesmo lutou a batalha. Quando você dá a Deus o sacrifício de adoração, Ele toma você e luta a batalha por você. Veja o que este homem fez no meio do perigo:

"E pôs-se Jeosafá em pé na congregação de Judá e de Jerusalém, na casa do Senhor, diante do pátio novo. E disse: Ah! Senhor Deus de nossos pais, porventura não és tu Deus nos céus? Não és tu que dominas sobre todos os reinos das nações? Na tua mão há força e potência, e não há quem te possa resistir." (2 Crônicas 20:5-6)

Embora houvesse um iminente perigo, Deus deve ser adorado em primeiro lugar. Josafá sabia de onde obter o seu poder. Ele sabia que um homem de adoração nunca seria derrotado. Um homem de adoração não pode ser expirado – todos os dias, em todas as situações ele é renovado, porque ele está na constante presença de Deus. Sim, adoração o leva a presença de Deus e a constante mandoração o mantém ali. Isto o faz perfeitamente conectado à Sua presença onde outros seres estão fazendo a mesma coisa – se prestando e o adorando. Você já sabe o que acontece conforme

Josafá adorava e orava, Deus descia e falava. E sempre que Ele falava, era o final. Ele disse ao rei Josafá e ao povo de Judá para não temer que Ele, o Todo-Poderoso tomaria a frente da batalha.

Josafá acreditou que Deus foi ao campo de batalha com Ele. Você já viu onde um coral liberando um batalhão de soldados enquanto cantam louvores? Quando a presença de Deus está com você, quando Seu poder descer, você verá e fará loucuras. Que o espírito de adoração venha sobre você conforme você lê essas palavras, em nome de Jesus! Que a partir de hoje você posso sair e enfrentar os desafios da vida com adoração e que todos os seus inimigos e todos os seus desafios possam ser dispersos e subjugados no poderoso nome de Jesus! Será bom darmos uma olhada nesses versos:

"E pela manhã cedo se levantaram e saíram ao deserto de Tecoa; e, ao saírem, Jeosafá pôs-se em pé, e disse: Ouvi-me, ó Judá, e vós, moradores de Jerusalém: Crede no Senhor vosso Deus, e estareis seguros; crede nos seus profetas, e prosperareis; e aconselhou-se com o povo, e ordenou cantores para o Senhor, que louvassem à Majestade santa, saindo diante dos armados, e dizendo: Louvai ao Senhor porque a sua benignidade dura para sempre. E, quando começaram a cantar e a dar louvores, o Senhor pôs emboscadas contra os filhos de Amom e de Moabe e os das montanhas de Seir, que vieram contra Judá, e foram desbaratados. Porque os filhos de Amom e de Moabe se levantaram contra os moradores das montanhas de Seir, para os destruir e exterminar; e, acabando eles com os moradores de Seir, ajudaram uns aos outros a destruir-se. Nisso chegou Judá à atalaia do deserto; e olharam para a multidão, e eis que eram corpos mortos, que jaziam em terra, e nenhum escapou. E vieram Jeosafá e o seu povo para saquear os seus despojos, e acharam entre eles riquezas e cadáveres em abundância, assim como objetos preciosos; e tomaram para si tanto, que não podiam levar; e três dias saquearam o despojo, porque era muito. E ao quarto dia se ajuntaram no vale de Beraca; pois ali louvaram ao Senhor. Por isso chamaram aquele lugar o vale de Beraca, até ao dia de hoje. Então voltaram todos os homens de Judá e de Jerusalém, e Jeosafá à frente deles, e tornaram a Jerusalém com alegria; porque o Senhor os alegrara sobre os seus inimigos." (2 Crônicas 20:20-27)

Muitos passos que começam com adoração terminarão com adoração. Sim, Josafá derrotou todo o seu medo e ansiedade, e foi atrás de Deus para adora-lo. Ele foi para o campo de batalha e enfrentou os desafios com louvores de adoração enquanto liberava as forças. E qual foi o resultado? O Senhor da batalha assumiu e matou os inimigos, nem mesmo um sobrou. Louvado seja Deus!

Esse é o poder da adoração. Esse é o poder do sacrifício de louvor. Vá para a batalha, enfrente os desafios, comece o projeto, comece o dia com adoração e veja como ele terminará. Se começar com adoração, certamente terminará com adoração. E não somente com adoração, mas uma explosão supersônica de adoração e gratidão genuína. Viva desse jeito e você sempre será vitorioso. Vivo desse jeito por décadas e vejo que o resultado são constantes vitórias, proteção e a esmagadora presença divina e unção. **Uma vida de adoração é uma vida elevada!**

Josafá e Judá retornaram para Jerusalém cheios de adoração, louvor, alegria e bênçãos. Todos na Bíblia que andaram com Deus eram homens e mulher de adoração, pessoas de profunda apreciação. Quando você conhece a Deus, você o aprecia. Quando você o aprecia, você não terá outra alternativa do que sempre queimar em Sua presença. Não importa quão terrível a situação seja, Jesus foi um grande Mestre que sempre começava dando graças ao Pai. Jesus nunca enfrentou um fracasso. Seu ministério e missão foram bem-sucedidos. Adoração o manteve permanentemente conectado ao paraíso. Siga esse princípio e você sempre terá sucesso.

Este é o meu segredo. Amo apreciar Deus. Amo adora-Lo e tenho várias razões para tal. Quando olho para minha vida, minha origem, minha experiência de vida, Sua graça, Suas provisões e proteções, eu O adoro. Quando me lembro de onde Ele me tirou, como Ele me fez crescer e me estabilizou do nada, eu O adoro. Quando vejo sua bondade para comigo, com minha missão, minha família e como Ele usa-nos para fazer o hoje, eu O adoro. **Quem poderia acreditar?** Eles colocaram um limitação em nós, disseram que não iríamos longe, e que nosso caso estaria fechado, eles nos expulsaram, zombaram-nos, traíram-nos, afundaram-nos, fizeram armadilhas para nós e nos amaldiçoaram, disseram que não teríamos frutos, disseram que não teríamos filhos, que não iríamos para a escola, **mas Jesus tirou todos eles** para nos estabelecer. Sou grato e lhe adorarei para sempre! Gabriel Agbo e sua casa adorará e servirá ao Deus de Israel para sempre!

Lembro que Deus sempre me dirá que Ele me libertou de todas aquelas situações impossíveis somente para o ministério e para que Seu nome fosse glorificado. Dê-me uma única razão para não adora-Lo. Algumas vezes, enquanto durmo queimo em adoração e no espírito cantarei enquanto acordo. Certamente, esta gratidão vem do espírito. Lembro que teve uma poderosa visita angelical para que minha esposa e eu pudéssemos ter filhos. Uma noite um ser angelical me visitou em meu quarto e quebrou as "correntes" que estavam em meu ombro. Ele me disse claramente que haviam me amaldiçoado para que eu fosse estéril. Foi uma visitação física. Isto ocorreu em 2005. Depois da operação divina, fiquei em profunda dor e não pude andar direito por muito dias. Agora, me diga não deveria eu adorar a Deus toda as vezes que vejo meus belos, muito inteligente e ungidos filhos? O louvor vem naturalmente. Tive outras poderosas visitações, revelações e libertações. Obrigado Jesus!

Vi pessoalmente a mão de Deus através do sacrifício de louvor. Lembro de diversas ocasiões, senti-me tocado por todos os lugares enquanto adorava a Deus. Imagine estar em um apartamento sozinho, no meio da noite, e de repente, depois de cantar e adorar por horas, você começa a se sentir tocado na cabeça, no ombro e em suas costas. No princípio foi desconfortável, mas quando soube que eram visitações angelicais, me tornei mais confortável, mas mesmo assim me senti um pouco desconfortável. Como um dia no altar da igreja em PortHarcout, perto de 23h, estávamos prestes a começar nosso sacrifício de louvor da meia-noite, estava sentando no altar quando de repente vi um grande número de seres de asas e um branco deslumbrante. Estava completamente acordado. Depois de vê-los se mover um pouco, enquanto me tocavam, não pude segurar minhas emoções e gritei aos meus parceiros de oração: "Venha e veja o hóspede de anjos!" E eles desapareceram imediatamente. Adoração pode de verdade trazer o céu para a terra. Sempre vi as correntes sempre quebradas da minha vida e dos outros através da adoração e oração. Isto me lembra do perfeito e poderoso sacrifício de louvor rendido por Paulo e Silas.

Paulo e Silas

Esses dois grandes homens de Deus foram capturados, espancados, despidos, acorrentados e postos em uma prisão subterrânea – calabouço. E as autoridades avisaram com sinceridade para o carcereiro-mor não permitir que eles escapassem. Mas quando Paulo e Silas, definhados pela dor, a tortura, a humilhação e desumanização do ambiente, começaram a adorar e orar para que o céu descendo com um terremoto e quebrasse as correntes de seus tornozelos. Você não pode limitar um homem de adoração. É assim o quão poderoso um sacrifício de louvor pode ser. Isso pode desencadear correntes e movimentos espirituais que podem causar terremotos, trovões e tempestades. Todas as correntes de sua vida serão quebradas hoje! Veja o que diz as escrituras:

"E, perto da meia-noite, Paulo e Silas oravam e cantavam hinos a Deus, e os outros presos os escutavam. E de repente sobreveio um tão grande terremoto, que os alicerces do cárcere se moveram, e logo se abriram todas as portas, e foram soltas as prisões de todos. E, acordando o carcereiro, e vendo abertas as portas da prisão, tirou a espada, e quis matar-se, cuidando que os presos já tinham fugido. Mas Paulo clamou com grande voz, dizendo: Não te faças nenhum mal, que todos aqui estamos." (Atos 16:25-28)

Cantar louvores quebrará até mesmo a mais dura corrente do inimigo. Paulo e Silas se recusaram a serem engolidos pela situação e no ambiente que eles se encontravam, mas adoraram na situação que se encontravam. Adoração é poderoso e mais "perigosa" quando oferecido em uma situação difícil ou na hora certa – meia-noite. Sim, se torna um grande sacrifício quando é oferecida em uma situação incomum, tempo e ambiente. Comece a adora-Lo hoje! Faça disso um modo de vida.

Oração e Jejum

Oração é se comunicar com Deus. É uma parte indispensável de nosso relacionamento com o Criador e quando feito corretamente, pode se tornar um grande sacrifício. A oração é um sacrifício e quando feito junto com o jejum trará resultados tremendo. Antes que prossigamos, note que nem é sempre sobre o peso de sua oração, mas o propósito de Deus e a disposição de seu coração. Quero dizer desde o começo, pois alguns depois de lerem esse livro poderão ir e se matar de fazer longos jejuns e orações. Não é isso que estamos pregando aqui. E para um bom e detalhado ensinamento nesse assunto – adoração, oração e jejum, por favor, leiam meu livro *Midnight Power*. Ele está disponível em vários idiomas.

Há muito para falar sobre oração e jejum, mas tentarei resumir. Quando vejo pessoas como Abraão, Moisés, Samuel, Elias, Jesus e outros, o que exatamente vem a sua mente? Quais são as características comuns que você encontra entre os generais de Deus? Certamente, eles permanecem a maiores escalões dos soldados de Deus na terra. Algum deles transformaram a água em vinho, ressuscitaram mortos, multiplicaram coisas, chamaram o que não existia a existência e todos eram homens de sacrifícios. Eles foram além do comum em sua vida de oração e os resultados puderam ser vistos.

Elias

Elias foi um homem que entendeu o sacrifício da oração. Ele sabia que coisas extraordinárias somente aconteceriam se você desse passos extraordinários. Sim, você deve ir além do natural se você deseja experimentar o sobrenatural. Ele fez o fogo descer no Monte Carmelo através de seu extraordinário sacrifício. Fogo responde somente a tais orações. Quando o altar está certo, o propósito e a oração certa, então o fogo virá. O fogo pode ser para reviver, fogo de proteção, fogo de julgamento, fogo de Sua presença e fogo de Sua manifestação. Precisamos mais de Seu fogo nesta geração. Precisamos mais de Seu fogo na igreja de hoje. Precisamos mais de Seu fogo para derrotarmos o inimigo. E certamente precisamos mais de Seu fogo para o mundo acreditar em nós e aceitar o evangelho.

Se estender

Elias foi além da oração comum para ter resultados quando ele criou o filho da viúva Zarefate. Ele levou o corpo do garoto para o quarto, o deitou em sua cama e orou, mas o garoto se moveu finalmente quando ele se moveu quando o profeta deitou sobre ele. Ele fez isso três vezes antes de pedir ao Senhor. Um ato profético Sacrifício de oração! Veja:

"Então <u>se estendeu </u>sobre o menino três vezes, e clamou ao Senhor, e disse: Ó Senhor meu Deus, rogo-te que a alma deste menino torne a entrar nele. E o Senhor ouviu a voz de Elias; e a alma do menino tornou a entrar nele, e reviveu." <u>(1 Reis 17:21-22)</u>

Você deve se estender, se quer um resultado perfeito, desejado e extraordinário. Depois de levar o corpo do garoto para o quarto, colocando-o sobre sua cama abençoada e orando por ele, Elias sabia que deveria ir além para acordar o menino, <u>ele se estendeu sobre o menino três vezes</u>.

Talvez você precise se estender para que o milagre venha. Se estender significa trabalhar para com o máximo de poder, habilidade, fazer esforços. Também significa ir com mais amplitude ou largo em suas ações. Devo dizer também que ir além de sua habilidade natural. E você pode nem mesmo saber o tamanho de sua habilidade sobre se estender ou estender a si mesmo. Fiquei doze anos como um cristão regenerado antes dessas habilidades, presentes e unção começaram a se manifestar em minha vida. Por quê? O meio-ambiente, a associação, a denominação, os ministros, me sentei e não encorajei a descoberta e manifestação dessas qualidades e elas foram perdidas, mas imediatamente me realoquei e foi exposto ao tratamento certo que esses presentes traziam. Comecei a expulsar demônios, curar os doentes. Me tornei ciente de minha personalidade, meu chamado, presentes e poder. Me descobri. O começo de seu sucesso é descobrir a si mesmo. Você não pode ter controle sem descobrir a si mesmo. E você não pode descobrir a si mesmo sem ter o encontro certo, no ambiente, contato e experiências certos. Jesus reinou porque estava ciente de sua personalidade. Por essa razão que geralmente os jovens profetas serviam os mais velhos, para que pudessem aprender e fazer descobertas. Você precisa se estender em oração e em outros exercícios espirituais se você quer ter controle.

Elias também teve a mesma experiência ao se estender. Recorde quando ele ressuscitou o garoto da sunanita. Não foi uma oração comum que o ressuscitou, mas um sacrifício. Por mais que eu queira acreditar que Deus o guiou, mas é possível que ele aprendeu isso com seu mestre. Veja:

"E, chegando Eliseu àquela casa, eis que o menino jazia morto sobre a sua cama. Então entrou ele, e fechou a porta sobre eles ambos, e orou ao Senhor. E subiu à cama e deitou-se sobre o menino, e, pondo a sua boca sobre a boca dele, e os seus olhos sobre os olhos dele, e as suas mãos sobre as mãos dele, se estendeu sobre ele; e a carne do menino aqueceu. <u>Depois desceu, e andou naquela casa de uma parte para a outra, e tornou a subir, e se estendeu sobre ele, então o menino espirrou sete vezes, e abriu os olhos.</u>" (2 Reis 4:32-35)

Você entendeu? Ele fez o primeiro ato profético e a oração e o resultado não foi satisfatório; então, ele foi para outro nível – ficou andando pelo quarto para obter mais orientação em como fazer, e então <u>ele se estendeu novamente, e o resultado veio imediatamente!</u> Enquanto se aquecia, o garoto espirrou e abriu seus olhos! Bendito seja Deus! Este é o poder do sacrifício.

Agora de volta a Elias, depois que ele trouxe o fogo de Deus no Monte Carmelo e anunciou a vinda da chuva, e a chuva não veio até que ele fez o ato sacrificial.

Então disse Elias a Acabe: Sobe, come e bebe, porque há ruído de uma abundante chuva. E Acabe subiu a comer e a beber; mas Elias subiu ao cume do Carmelo, e se inclinou por terra, e pôs o seu rosto entre os seus joelhos. E disse ao seu servo: Sobe agora, e olha para o lado do mar. E subiu, e olhou, e disse: Não há nada. Então disse ele: Volta lá sete vezes. E sucedeu que, à sétima vez, disse: Eis aqui uma pequena nuvem, como a mão de um homem, subindo do mar. Então disse ele: Sobe, e dize a Acabe: Aparelha o teu carro, e desce, para que a chuva não te impeça. E sucedeu que, entretanto, os céus se enegreceram com nuvens e vento, e veio uma grande chuva; e Acabe subiu ao carro, e foi para Jizreel. (1 Reis 18:41-45)

Este é o perfeito exemplo de quando a oração se torna um sacrifício e quando traz o resultado desejado. O sacrifício inicial é a limpeza do altar e o avivamento que segue, embora as pessoas ainda estivessem em necessidade – não havia chuva e a fome tomava a terra. Agora, o homem de Deus anunciou a vinda da chuva, mas isso não ocorreria até que houvesse um grande sacrifício. Se você não vê os resultados quando começar a orar, não significa que você não esteja de acordo com a vontade Deus, mas sim, que você precisa orar mais forte, longo e se esforçar.

Depois de Elias anunciar a chuva, rapidamente, ele subiu ao Monte Carmelo para fazê-lo. Ele sabia que milagres, maravilhas e sinais, e chuvas começam nos joelhos e no topo de uma montanha. Aqueles que reinam, que dominam, que proclamam e estabelecem são homens de oração. Deus não fará muito contigo se você não o conhece e não pratica esse segredo. Viva uma vida de oração. Ore por oras todos os dias. Ore na maior parte da noite e você se tornará sobrenatural. Você ganhará coisas e elas virão com o tempo. Faça isso e você sempre saberá a opinião de Deus. Deus começará a compartilhar segredos com você do céu e o que Ele deseja fazer com você. Outras vezes, Ele me visitaria de um modo muito espetacular, mesmo que eu estivesse com medo por ser humano. Este é o benefício de uma vida de oração.

Não somos divinos ou sobrenaturais como devemos ser devido a buscas materiais e não de não orarmos suficiente. Deus não pode andar com você, quando você é muito materialista, egoísta e mundano. Acabe foi preparar um banquete, mas Elias foi ao monte para orar. Como você vê isso? Pare as feições e comece a orar pela igreja. A festa é para a carne, enquanto a oração é para o espírito. E o espírito governa a carne. Elias estava no controle. O profeta controla o rei.

Agora, quando ele começou a rezar, não havia chuva, nem mesmo um sinal de que houvesse. Ele enviou seu servo seis vezes para verificar e não havia nenhum sinal no céu de chuva. Mas ele ouviu claramente no espírito de que uma tempestade de chuva estava a caminho e ele a havia anunciado. Na verdade, foi Deus quem recomendou que ele voltasse a Israel: encontre o rei Acabe e diga-lhe que Deus está trazendo a chuva. Mas o homem de Deus fez tudo e ainda não houve chuva, nem mesmo um sinal disso.

Você deve ser corajoso, muito corajoso quando se lida com Deus. Você pode não estar vendo nenhum sinal, mas a chuva deve vir de acordo com a Sua palavra e Seu tempo. Deus nem sempre trabalha com sinais, mas com Suas palavras. Elias compreendeu muito bem a Deus. Ele andou com o Todo-Poderoso o tempo suficiente para entender Seus caminhos e Seus atos. Ele continuou orando, recusando-se a se levantar até ver os resultados. Ore até algo acontecer. E na sétima vez, a chuva veio. Sete é o número de conclusão; perfeição. Todos os sonhos, a antecipação tem um sétimo dia - um dia de materialização.

Depois, o sacrifício completo e completo da tempestade veio! Louve a Deus! E eu vejo uma tempestade sobre você hoje em nome de Jesus! Toda "secura" em sua vida, todas as secas em sua família, seu relacionamento, em sua empresa serão removidas por esta chuva. A chuva deve cair! A chuva acaba com a seca, a sede, a fome e o calor. Sacrifício de oração!

Samuel também sabia sobre esse tipo de sacrifício de oração que traz tempestade. Ele foi concebido assim e quando ele saiu ele também continuou nele. Você se lembra de seus pais Elcana e Ana e a outra esposa viajariam a Siló para adorar e sacrificar ao Senhor Todo Poderoso todos os anos. A outra esposa Penina teve filhos, mas Ana ficou estéril. E as coisas continuaram assim por muito tempo. Uma noite em Siló, Ana decidiu acabar com aquela velha história de esterilidade. Ela foi ao tabernáculo para lutar a batalha da meia-noite. Lá, ela fez um voto ao Senhor, o homem de Deus profetizou a ela, a maldição foi quebrada e ela teve Samuel. Agora, Samuel tinha crescido e estava fazendo grandes coisas para o Reino. Um dia, em sua cerimônia de despedida, Samuel contou às pessoas:

Ponde-vos também agora aqui, e vede esta grande coisa que o Senhor vai fazer diante dos vossos olhos. Não é hoje a sega do trigo? Clamarei, pois, ao Senhor, e dará trovões e chuva; e sabereis e vereis que é grande a vossa maldade, que tendes feito perante o Senhor, pedindo para vós um rei. Então invocou Samuel ao Senhor, e o Senhor deu trovões e chuva naquele dia; por isso todo o povo temeu sobremaneira ao Senhor e a Samuel. (1 Samuel 12:16-18)

Não era hora que as chuvas e o homem de Deus com toda ousadia diria às pessoas que ele chamaria a chuva do céu? E a chuva realmente chegou. Na verdade, com trovão! Esse homem deve ter sido um homem de sacrifício muito poderoso. Agora, não estamos falando sobre derrubar a chuva na estação chuvosa que até mesmo os pagãos tentam fazer, mas chamando a chuva na estação seca. Samuel com toda a facilidade, com todas as garantias, com todas a autoridade em oração e os céus abertos, derramando chuva e trovão!

Eu quase me esqueci de nosso grande Moisés. Ele é um dos maiores homens de sacrifício nas escrituras e permaneceu orando na presença de Deus, o tempo suficiente, sendo este um de seus segredos. Às vezes, descendo do encontro com Deus, esse rosto ficará tão brilhante que as pessoas não poderiam vê-lo. Ele estava sempre à frente das pessoas e até mesmo dos inimigos no espírito, e não é de admirar que nenhum ser humano tenha sido capaz de replicar alguns dos seus feitos sobrenaturais e milagrosos. Ele levantou o cajado e o mar se dividiu, ele atingiu a rocha e a água brotou, e centenas de outros poderosos sinais e maravilhas. Deus falaria com ele e a montanha tremeria, com uma grossa fumaça e as pessoas ouvindo som audível da voz do Todo-Poderoso. Ele pagou suas dívidas em oração para alcançar esse feito. Existe poder na oração e, quando se amplia em um sacrifício, torna-se outra coisa - um dínamo. Olhe para o nível de relacionamento que este homem teve com Deus:

"E, subindo Moisés ao monte, a nuvem cobriu o monte. E a glória do Senhor repousou sobre o monte Sinai, e a nuvem o cobriu por seis dias; e ao sétimo dia chamou a Moisés do meio da nuvem. E o parecer da glória do Senhor era como um fogo consumidor no cume do monte, aos olhos dos filhos de Israel. E Moisés entrou no meio da nuvem, depois que subiu ao monte; e Moisés esteve no monte quarenta dias e quarenta noites." (Êxodo 24:15-18)

Um ser humano? Deus não lidou com nenhum outro humano dessa maneira e é por isso que Ele disse que, mesmo entre os profetas, Moisés é o maior. Quarenta dias e quarenta noites em Sua presença! Moisés estava totalmente perdido em Sua presença. A nuvem grossa e Sua glória sustentaram Moisés, alimentaram-no e cuidaram dele por estes quarenta dias e quarenta noites. Elias também estava neste molde. Ele já foi alimentado por comida espiritual por quarenta dias e quarenta noites. Veja isso:

"Porque expôs a sua vida, e feriu aos filisteus, e fez o Senhor um grande livramento a todo o Israel; tu mesmo o viste, e te alegraste; porque, pois, pecarias contra o sangue inocente, matando a Davi, sem causa? E Saul deu ouvidos à voz de Jônatas, e jurou Saul: Vive o Senhor, que não morrerá. E Jônatas chamou a Davi, e contou-lhe todas estas palavras; e Jônatas levou Davi a Saul, e esteve perante ele como antes. E tornou a haver guerra; e saiu Davi, e pelejou contra os filisteus, e feriu-os com grande matança, e fugiram diante dele. Porém o espírito mau da parte do Senhor se tornou sobre Saul, estando ele assentado em sua casa, e tendo na mão a sua lança; e tocava Davi com a mão, a harpa." (1 Samuel 19:5-9)

Moisés, Elias e Jesus estão em seu próprio nível de compromisso divino e tudo sobre eles o mostrou. Seu nascimento ou aparência, seus milagres, suas relações com Deus e até mesmo a saída da terra foram milagrosas. Deus enterrou Moisés por si mesmo. Até agora, ninguém sabe exatamente onde Moisés foi enterrado. Olhe para Elias, de repente foi levado por carros de fogo para o céu. E Jesus, na presença de Seus discípulos, subiu à nuvem. Homens de sacrifício! Existe um poder em sacrifícios. Existe o poder no sacrifício da oração. Tanto poder que até pode desafiar a morte. Olhe para a conta deles um após o outro.

"Assim morreu ali Moisés, servo do Senhor, na terra de Moabe, conforme a palavra do Senhor. E o sepultou num vale, na terra de Moabe, em frente de Bete-Peor; e ninguém soube até hoje o lugar da sua sepultura." (Deuteronômio 34:5,6)

"E sucedeu que, indo eles andando e falando, eis que um carro de fogo, com cavalos de fogo, os separou um do outro; e Elias subiu ao céu num redemoinho." (2 Reis 2:11)

"E, quando dizia isto, vendo-o eles, foi elevado às alturas, e uma nuvem o recebeu, ocultando-o a seus olhos." (Atos 1:9)

Você também pode atrair o mesmo nível de graça em sua vida, se você puder pagar o preço como eles fizeram. Refiro-me ao preço da obediência, do sacrifício, da oração e do amor a Deus e ao Seu povo. Mas não entre por muito tempo, nem quarenta dias e a noite, sem uma direção expressa do Senhor, a menos que você queira morrer. A Bíblia deixou claro que tudo isso foi conduzido e sustentado por Deus através desses períodos. E não foi apenas o impulso de adquirir o poder espiritual que os levou a fazer esse tipo de sacrifício, mas às exigências divinas do tempo. Você poderia vê-lo mais claramente com Jesus:

"Então foi conduzido Jesus pelo Espírito ao deserto, para ser tentado pelo diabo. E, tendo jejuado quarenta dias e quarenta noites, depois teve fome." (Mateus 4:1,2)

Você entendeu? Ele foi liderado pelo Espírito Santo para embarcar na jornada espiritual. Não entenda por si mesmo e não faça isso sem ordenança da parte de Deus, tal como o vemos hoje. Muitos se feriram e até morreram por ignorância. No entanto, o sacrifício de oração foi uma das coisas que ajudaram Jesus a completar com sucesso a Sua missão. Após Ele descer desta montanha, tudo começou. Ele começou a chamar seus discípulos. Os milagres, sinais e maravilhas também começaram. E Ele sustentaria o movimento e a unção, se retirando para as montanhas para rezar todas as noites. A oração é um grande sacrifício para Deus.

Quando você ora, você está entre o céu e a terra, entre os vivos e os mortos. E, como a Bíblia, diria: "Entre o altar e as pessoas". Quando você reza, as coisas acontecem. Os apóstolos seguiram os passos de Jesus. Eles sacrificam sua vida, tempo, carreiras para ver que o evangelho pregado. Eles deram o seu melhor.

Um sacrifício vivo

Agora, armados com esse conhecimento, esperamos viver uma vida de sacrifício total. Uma vida desinteressada, completamente dedicada ao serviço de Deus e da humanidade. Como eu disse, são apenas as coisas que você faz para Deus e para os outros que têm valor eterno. Tudo o que você faz por si mesmo não atrairá nenhuma recompensa divina. Jesus disse que, tão pouco como dar um copo de água fria a outros, tem recompensa eterna. Devemos começar a viver para os outros e para Deus, é exatamente o que Jesus fez. E os apóstolos fizeram o mesmo. Eles assumiram todos os riscos conhecidos para espalhar o evangelho. Eles deram suas vidas.

Eu também quero dar por certo que você já sabe que, nesta dispensação, não somos obrigados a abater animais, queimar velas, incensos etc., para sacrifícios. A Bíblia disse que essas leis foram abolidas e uma nova lei pela qual você deverá viver como um sacrifício. Sua vida, suas ações, sua santidade, sua adoração, sua oração, louvor e jejum, sua dedicação e seu amor e serviço aos outros são agora o sacrifício. Quando você faz isso da maneira que Deus os quer, então eles subirão para ele como um sacrifício. Ou seja, você deve ser um altar permanente e móvel que constantemente emitirá sacrifícios ao Todo-Poderoso. Veja o modo como essas escrituras o colocam:

"Rogo-vos, pois, irmãos, pela compaixão de Deus, que apresenteis os vossos corpos em sacrifício vivo, santo e agradável a Deus, que é o vosso culto racional." (Romanos 12:1)

Entendeu? Você deve ser um sacrifício vivo e sagrado. Não é apenas o seu corpo aqui, mas suas ações. E também isso significa que poderia haver um sacrifício morto e profano. Sim, esperamos estar vivo com as exigências dessa expectativa de Deus. Espera-se que você esteja ativo, fazendo isso. Quando você está respondendo ativamente de acordo com a expectativa, você está vivo e quando você é ignorante ou desobediente, você está morto. Há sacrifícios vivos e há sacrifícios mortos. Qual você quer ser? Pessoalmente, quero ser um sacrifício vivo.

Então, santifique-se. Algo santo é algo puro, piedoso, que se doa. Não devemos ter cordões ou motivos egoístas, expectativas associadas às coisas que fazemos pelos outros. Esta é a única maneira como nossas ações, presentes, serviços e ajuda serão aceitas para o Todo-Poderoso. Faça isso por causa de Deus e porque você ama os outros. Faça isso porque é um comando de Deus. Deus nos mostrou um exemplo ao nos dar o Seu Filho dele, mesmo quando não o merecíamos. Penso que o apóstolo Paulo tem melhores palavras para descrever o que quero dizer aqui:

"Sede, pois, imitadores de Deus, como filhos amados; E andai em amor, como também Cristo vos amou, e se entregou a si mesmo por nós, em oferta e sacrifício a Deus, em cheiro suave." (Efésios 5:1,2)

Ele se entregou como um sacrifício e ascendeu ao céu para Deus como um doce perfume! É isso que eu quero dizer aqui. Quando você faz bem, vai agradar ao Todo-Poderoso e libertará Seu poder e Seu favor. Sim, foi o que aconteceu com Jesus. Porque Ele entendeu bem, Deus lhe deu um nome que está acima de todo nome no céu, na terra e sob a terra. Basta mencionar o nome dele e todos os joelhos se prostrarão. Ele também recebeu a coroa eterna. Ele se tornou Reis dos reis e o Senhor dos senhores. Verdadeiramente, há poder em sacrifício. Tome esse risco para ajudar os outros, para servir a Deus, para proteger seu povo e sua nação e você experimentará a graça que acompanha o sacrifício. O sacrifício garante proteção divina, provisão, descoberta, promessa, promoção, riqueza e recompensas geracionais.

Deus te abençoe!

Oração

Rezo para que esta mensagem o leve a ajudar os outros, a humanidade e a fazer explorações para o reino de Deus. Ele pode capacitá-lo a fazer isso hoje em nome de Jesus - Amém!

Muito importante

Se você ainda deve receber Jesus Cristo como seu Senhor e Salvador pessoal, por que você não se inclina imediatamente? Confesse seus pecados e peça a Deus que o perdoe. Lembre-se, você não deve retornar às suas maneiras antigas. Você pode nos escrever para mais aconselhamento. Bênçãos para você!

Este livro o abençoou? Escreva com o endereço abaixo e compartilhe seu testemunho conosco. Estarei esperando.

Rev. Gabriel Agbo

Tel: +234-8037113283

E-mail: gabrielagbo@yahoo.com

www.authorsden.com/pastorgabrielnagbo

P O Box 1755, Enugu – Nigeria.

Faceboook / Double Honour International

Twitter: pastorgabagbo

Outros livros do autor:

Power ofMidnightPrayer (O poder da oração da meia-noite)

Breaking   Generational   Curses: Claiming   Your   Freedom (Quebrandomaldiçõeshereditárias)

Double Honour

No Cross No Crown (Não há coroa sem cruz)

God of Fruitfulness

Receive Your Healing

Prepare For War

Homosexuality: The   Occult, healthandPsychologicalDimensions(Homossexualidade: As Dimensões Ocultistas, Sanitárias e Psicológicas)

Uncommon Success

Prayer of Jehoshaphat "O God won't you stop them"(A oração de Jeosafa)

Godof Abraham, Isaac and Jacob (Deus de Abraão, Isaque e Jacó)

Sex Toys: Good or Evil?

Don't Rape Her!

And many others